# 週末デトックス

〜物・食・人・心・運を見直して幸運体質になる！〜

# はじめに

はじめまして。

風水心理カウンセラーの石川うみです。

私は幼い頃から周りの女の子とはすこし違い、徒党を組むのを嫌い、クールでおとなっぽい子どもだと思われていました。

会社勤めをしてからは、極端に愛想がいいわけでもないけれど、男女を問わず人が集まってきてくれたり、部下だけでなく同僚やときには取締役からも相談や頼まれごとがよくきたりしていました。

あだ名は「ねえやん」「姉さん」。その由来はこのあたりにあるのかもしれません。

会社を退職後、時間ができ、オーガニック料理の教室に通いはじめました。もともと食べることが大好きで、おいしい料理には目がなかったのです。

食の世界は奥が深く、東洋思想の「陰陽五行」を知ったのもこのときです。

二十四節気や暦にも取り入れられ、木火土金水の五行の季節や旬の食べ物があることもよく知られています。

その後、九星気学や風水を学び、G-veggie にて オーガニック料理とともにエキスパートの資格を取得しました。

もともと人を診断するつもりなどなかったのですが、恩師の谷口令先生のすすめもあり、カウンセラーとして独立することになりました。

自分に素直に生きてきて、迷いやブレがないのが私の信条。谷口先生には私の資質を見抜かれていたような気がしてなりません。

現在私のもとには、独身女性から経営者まで、さまざまな方がいらっしゃいます。食べ物や人間関係、運気についての相談などが中心ですが、アドバイスするうちに、週末を使った解決方法があることに思い至ったのです。

それが、私の提唱する「週末デトックス」です。

この方法を通じて、みなさんの心が少し軽くなり、笑顔が増えることを願ってやみません。

石川うみ

第2章

# 食のデトックス　49

第3章

# 人のデトックス

## 第4章 心のデトックス

第5章

## 運のデトックス 181

# 序章

# 「週末デトックス」のすすめ

# 「週末デトックス」とは?

私がなぜ「週末デトックス」を提唱しはじめたかについて、お話をしたいと思います。

これまで取得したさまざまな資格のなかに、オーガニック料理に関する複数の資格がありま す。オーガニック料理インストラクターやオーガニック健康カウンセラー、エキスパートオーガニック料理ソムリエ。

これらはアンチエイジングやマクロビオティックといった要素も含み、食についてのエキスパートとしての自負もあります。

一方で、学んでいく際に、表情が曇っていく人も見ていました。

食に対するストイックな姿勢が自分をしばり、ストイックになりすぎることで、レッスンの回数を重ねるごとに疲れた表情になっていく。食べ物の制限が極端になるのか、健康になるはずが、心が疲れてしまう。

健康になるのが目的なのだから、もう少し気楽に考えればいいのに。なぜそんなふうに自分を追い込んでしまうんだろう。

厳格さを求める仲間が囚われてしまう原因を考えていたとき、週末だけ実践すればいいのでは、とひらめいたのです。

平日の食生活を変えるのは無理があるにしても、週末だけ取り組めば現実的に楽しく取り入れられるはず。

ハードルを下げることで、もっと気楽に、自由になれることに気づいたのです。

当時話題になっていた「断捨離」も無理をすればすぐいやになってしまいます。週末の午前中の1、2時間であれば、それほど負担を感じずに、生活を少しずつ変えていける。

そこで私は、身近な化粧品の整理からはじめてみることにしました。物や、食や、人とのコミュニケーションについて、週末にゆっくりと考える時間を設け、少しずつ手を加えていくようにしました。

私にとっては、その時間がとても有意義で、無理なく実践できる確信があったのです。

子どもの頃からクールでおとなっぽいと言われてきた私は、物事の考え方が人よりも明確ではっきりしています。

若い頃から、よく相談ごとを持ちかけられ、自分なりの考えを伝えてきました。

改めて思い返してみれば、風水心理カウンセラーとしてのいまの自分につながっている気がします。

経営者でも、部下でも、悩みを解決するには、自分を見つめ改善点を見つけ出し、少しずつアクションを起こす必要がある。

週末にそうした時間を持つことができたら。

週末のわずかな時間で最終的に心が大きく変わる。

それが、私が「週末デトックス」の可能性に気づいた転換点でした。

身の周りの物を整理し、身体を中庸に戻す食生活を取り入れ、自分に害をもたらすかもしれない人間関係を見直し、自身の弱い心を丸ごと受け入れ、運気を引き寄せる行動を取り入れていく。

それが「週末デトックス」の大きな目的。

誰もが、無理なく、すぐにでも、自分を変えていける。

「週末デトックス」には、そのポテンシャルがあると、私は信じています。

# 5つの側面からアプローチする

「週末デトックス」は、5つの側面から成り立っています。

まずは「物のデトックス」。

身の周りの物を片づけること。それは「週末デトックス」の基本です。物を整理し、捨てることは、住みやすい環境を整えていくことになり、毎日の生活のモチベーションも上がっていきます。単に物を片づけたり捨てたりするだけでなく、いかにして物が増えないようにするかも考える必要があります。

次に目を向けたいのが、食についてです。

「食のデトックス」は、平日の食生活で疲れた身体をリセットし、内臓を休ませる試みです。偏食で負担がかかる臓器をお休みさせ、元気な身体を取り戻すことを目的としています。食は健康の源です。身体の不調を改善するような食材の提案や、食品添加物が含まれていない調味料についても見直してみましょう。

身体に元気を取り戻し、次に着手できそうなのが「人のデトックス」です。対人関係を見直し、自分に悪い影響を与える人や気の合わない人と距離を置いてつき合っていく方法を身につけていきます。

「心のデトックス」では、自分を深く見つめ、コンプレックスや弱点を否定するのではなく、ありのままの自分を受け入れていくことを提案しています。他者からの評価ではなく、自分で自分を受け入れ、自信を持つように自己肯定感を高めていきましょう。

そして、「運のデトックス」では、物事の見方や受け入れ方をプラス思考で考えられるような自分を目指し、運気を見逃さず、自分のものにできるような観点を身につけることを目標にしていきます。

どのデトックスにおいても、スタートラインは自分を見つめる作業です。週末の時間を有効に使い、まずは自分自身を見つめ直し、行動の特徴をつかんで「個性」といえるものを見つけてほしいと思います。

自分を知ることができれば、幸せへの道のりはそう遠くはありません。

## 週末は自分をリセットするゴールデンタイム

私にとって、週末の朝はとてもゆったりとした時間が流れています。

遅くとも7時までに起きて朝ごはんを食べると、そのあとは大好きなハーブを使ってのハーブティータイム。最近のお気に入りは、バラの花びらが入ったはちみつ。バラのハーブティーや紅茶、コーヒーに溶かして飲んでいて、とてもリラックスできます。

気持ちを落ち着かせるための飲み物はなんでもかまいません。コーヒー、紅茶、日本茶、抹茶でも。

こうした飲み物を合図に、次の「デトックス・アクション」につなげていくのです。ぼーっとしながらゆったりと過ごすうちに、週末の午前中にやるべきことが見えてきます。LINEのアドレスを整理したり、不要な化粧品を捨てたり、次のステージに立つ自分を想像したり。

この時間がとても大切なのです。

日々の仕事や家事に追われていると、どうしても気持ちがそちらに向いてしまい、自分を振り返る余裕などありません。そうではなく、週末ぐらいは自分のためにゆったりとした時間を確保しておきたい。

この時間が「週末デトックス」にとても大切なゴールデンタイムなのです。

平日に暴飲暴食をしたなと思えば、週末はシンプルな玄米ごはんとお味噌汁だけで過ごします。塩分の多いメニューばかり食べてたなと思えば、お味噌の量を減らし、野菜の甘味とだしを効かせて微調整していく。

「物のデトックス」も、いままでは月に二度ほどやれば十分になりました。自分が納得できる必要な物しか買わないので、物が増えて整理に困ることもありません。

思いをめぐらせるのは「人」「心」「運」について自分に向き合い、一週間の行動を振り返る。

精神的にも安定し、いまの自分の生活が充実しているのは、この「週末デトックス」のおかげ。

これからみなさんにも、私が取り組んできた方法について、詳しくお話ししていきたいと思います。

第1章

# 物のデトックス

## 身の周りにあふれる物を整理する

仕事やプライベートで何かが滞っていて、物事がうまく進まない。気持ちが落ちつかず、いつもイライラしてしまう。自分の生活をリセットしたいと思ったとき、何からはじめますか。

週末デトックスは、人生を大きく変えてくれる転機になります。とくに、最初に手をつけるべきは「物のデトックス」です。

物を捨てると、身の周りが目に見えてきれいになっていくので、気持ちもスッキリします。

まずは、視界に入ってくるごちゃごちゃしている物から手をつけていきましょう。

それも、丸一日かけて、一気にやろうなんて思ってはいけません。疲れるだけで、気持ちを持続させることができなくなるからです。

週末の午前中の2時間といった、わずかな時間だけでいい。ゆるっとはじめてみましょう。

身の周りにあるコスメや、洋服、小物など。目に入る物から少しずつ片づけていく。

そしてなぜ物が増えてしまうのか。

それは置き場所を考えずに衝動買いしてしまうから。

本文でも触れていきますが、買ってから置き場所を考えるのではなく、あらかじめ置き場所を決めておき、物を捨ててから買うようにすれば、置き場に困ることもありません。

数をコントロールするという方法です。

まずは自分の「買い方の癖」を知ることが肝心。

物が増えてしまう人は、物を買う際に必ず何かしらの傾向があります。その癖が見つかれば対処の仕方もわかります。

物を通して自分と向き合ったときにはじめて、自分に合った片づけの方法が見えてくるはず。

# イライラしているときがデトックスのチャンス

イライラしているときは、まず何にイライラしているのか、その原因を考えてみましょう。自分自身に対してなのか、相手に対してなのかで対処法は変わります。

まずは気分を切り替えて、考えずに手を動かせるような単純作業をはじめるようにします。

私は書道が趣味なので、写経や字を書くことで頭のなかが無になり、気持ちを落ち着かせることができます。

運動が好きな人は運動でもいいし、神社にお散歩に行くなど、趣味をひとつでも見つけるのもいいかもしれません。庭の雑草取りやガーデニングもきれいになって一石二鳥です。

知人にはキャベツの千切りを山盛り作るとすっきりする人もいます。

イライラしたら常備食を作るとか、冷凍キノコをいっぱい作るとか、**何をすれば自分がすっきりするか、落としどころを見つける**といいと思います。

そして、そういうときこそやってほしいのが、物のデトックスです。

たとえばコスメや小物を整理してみる。そうすると、捨てることですっきりする。

人によって相性がありますが、**無心でやれること、無になること**がおすすめです。

## 1年経ったら物にさよなら

物を捨てられない人の共通点として、もったいない、いつか使うだろう、捨てるのが忍びないと思っているところがあります。

私にもその経験がありますが、なにかしら捨てることに罪悪感があって捨てられないなら、親や友人に「これ使わない？」と譲って使ってもらう。もし、少しでもお金にしたいと思うならメルカリで売ってもいいと思います。

たとえば紙袋も大量にため込んでいる人もいるかもしれません。

私はブランドの紙袋は残しています。友人にプレゼントなどを渡すときに、紙袋ごと渡せるからです。デパートの紙袋も、すぐに破れそうなペラペラの物は捨てて厚手のものは取ってあります。

そのほかの**物を捨てるタイミング、手離すタイミングは、私は1年をみています。**1年経って使っているか使っていないか。

化粧品も同じです。使用期限はだいたい3年と言われています。その事実を知らないから、3年以上経った化粧品を持っている人が多い。使用期限が切れているのなら捨てます。未使用や使わない場合、使用期限まで1年くらいあれば親や姉妹や友人に聞いてみると使うと言ってくれるかもしれません。使わないと言えば捨てるか売ればいいだけです。

次のシーズンに入ると、女性は新しい物を買いたくなる。雑誌の特集が組まれ、見るとほしくなっちゃう。次のシーズンが来る前に物をどうにかすれば、うまく循環していくことになると思います。

自分に合ったデトックス方法を見つけられたら、罪悪感なくデトックスできるようになります。自分に合った方法を探してみましょう。

# 一度に全部を片づけようとしない

ひと部屋をがんばって片づけようとか、押入れの中を全部やろうとすると、心が折れます。一度に一気にやるのではなくて、今日は押入れのこの区画だけをやるとか、目につく物を片づけようとか、少しの範囲でやっていけば、疲れず、嫌にならず、追い詰められずに片づけていくことができます。

私は土日の限られた時間にやると決めていて、それが「週末デトックス」の由来となっています。もちろん掃除機がけは毎日しますが。

片づけを毎日やるべきことにしてしまうと、強迫観念に囚われて、やりたくないと思ってしまう可能性もあります。

土日の家にいるときに、気が向いたらやればいい。イメージとしては1~2時間くらい。午前中からお昼くらいまで。土曜日の午前中だけとか、日曜の夕方だけやるなど。

週末の空いている時間にやってみる。忙しい週末ややる気がしないときは、お休みしてもいいんです。これを決まりごとのルーティンにしてしまうと続かなくなることもある。**週末の空いている1～2時間だけがんばればそれでいい**のです。

コスメや洋服など、きれいになったのがわかる目に見える範囲でいい、1～2時間のお片づけをやってみましょう。

## 「いつか着る」は絶対にこない

女性の場合、季節や体調の変化によって体重が変動することがよくあります。

痩せていたときのお気に入りの服を、また痩せて着られるかもしれないと、取っておくのはよくある話。

何年も前のワンピースをしまっておいたり、シルエットやデザイン、流行りが変化しているのに「この形が好きだからまた着るよね」と取っておいたり。

時代はめぐるで、また着られるときがくるかもしれないと思いがち。あとで着るかもしれないと思い、大事に取っておくわけです。

「奮発して買っちゃったし」と買ったときの金額を考えたり、きれいな服を捨てるのはしのびないと思ったり。

「そのうち使う」「いつか着る」が襲ってくる。

**「いつか」は絶対こないと自分でもわかっているけれど、その部分はあえて見ないようにしてしまう。**

痩せたら着ると、サイズの合わない服を取っておくのも**痩せていた自分に執着しているからかもしれません。**

本当に痩せたら、太っていたときの服はサッサと捨てられるのに、太ったときは小さめサイズの服は捨てられない。

いまを受け入れがたい、この気持ちは女性特有かもしれません。

着られない服は、絶対に着ることはありません。これは断言できます。ここは思い切って捨ててしまいましょう。

# 物を買うときの「自分の基準」ってなあに？

本当にいる？／いらない？　似合う？／似合わない？　いま持っている洋服に合う？／合わない？　すすめられたから買う？／買わない？

買い物するときに、どんな基準で物を選んでいますか。この「自分の基準」が大前提です。自分では意識せずに買っている人がほとんど。自分の癖を知るためには友人に相談してみるのもいいかもしれません。客観的に自分を見てくれる人に聞いてみると、買い物の傾向がわかってきます。

かつて、化粧品にかなりの金額を使っていた時期がありました。

化粧品はタッチアップでフルメイクしてもらえます。

「今日はこれを使いました」と下地からポイントメイクにいたる、メイク落としから基礎化粧品まで商品をずらっと目の前に並べられる。

「これを使えば肌がいい感じ。メイクでこんなに変わるんだ」と思い、ついつい買ってしまうマジックです。

いざ買って帰って使ってみると、ライトの感じなどが店舗と違うので「うん？　似合わない」と使わないことが多い。

基礎化粧品も数日はいいのですが、肌に合わず使わなくなったりしました。

年齢を重ね肌色が変わっている可能性があるので、改めて自分の肌が何色ベースの肌なのかを調べてもらいました。

肌は人によってブルーベース、イエローベースやSpring・Summer・Autumn・Winterと分類されます。このベースで似合う色が違ってくるのです。

**自分の肌質を知ることで、ファンデーションなど自分に合うコスメがわかります。**「この色は似合うけど、こちらは似合わない」が判断できる。

私もカラーコーディネーターに相談して以来、買う化粧品の数がぐっと減り、不要な色を買わなくなりました。どんなにいい色で好きな色でも似合わないんだもん。買いませんよね。

コロナ禍になってからは、化粧品のブースに行ってもタッチアップをしなくなりました。そうすると自分に似合う色の決まった物しか買わない。いまは自由に買い物にも行きにくいから、必要な物しか買わない。本当はいらないのに、「すすめられて断れなくて、その場では似合うと思った」という理由で買うこともない。

それはそれで、とらえ方を変えるいい時期なのかもしれません。コロナ禍で買い物に行かなくなったことも、本当に必要かどうかを考え直す意味では、いい効果だと思います。いろいろな人が気づきはじめているいまだからこそ、自分に必要かどうかを見極める癖をつけると、これからの買い物が楽になります。

## あえて高価な物を買う

ピアスが片方なくなっているのに捨てられず取っているとか、ネックレスのチェーンが切れているのにそのまま修理せずにいる。ジュエリーの使い心地が悪いのに、そのまま置いておくことがありますね。

捨てられないなら、それをリメイクする方法がある。本当は修理すればいいのにそれができないのは、**リメイクに見合うだけの価値がないから**なんです。

ジュエリーを店頭で買うと増えていく。それがわかってからは既製品を買うのをやめました。本当にほしい宝石やデザインを吟味し、オーダーメイドを持つと決めています。

オーダーメイドだと天然石を選ぶところからの出発なので愛着につながっていくし、じつは**既製品を買うよりも宝石の質がよく、若干安かったりします。**石とデザインを気に入って制作するから、そんなに買うこともありません。

以前は気に入ったら買っていましたが、本当にほしい物を買っていないからか、何個買っても満足感を得られないでいる。あるときふと、トータルすると金額的にけっこうな額になっていることに気づいたのです。

そこで考え方を変えて、**高くても質がいい物を買って、長く使う**ことにシフトしてみました。すると、物は増えず、衝動買いをしなくなり、気に入った物を買うから丁寧にきれいに使うようになりました。修理にも出せるからより長く大切に使えます。

同じことはバッグにも言えます。高くていい物はリペアしながら使うけれど、安くてかわいい物は結局使わず、ずっと残っていて捨てられない。使っていないからもったいないと片づけておいて、なんなら持っていることすら覚えてない。

**買うという行為に満足している**ので使わないことがけっこうあります。買い物をすると満足するというのも女性特有のひとつかもしれません。

私も以前は多くのバッグを持っていましたが、結局使ってない物が山ほどある。

そこで、自分のルールを決めてデトックスしてみると、手元に残ったのは10個です。使っているバッグ全部で10個を使い回す。

ひとつをずっと使う方もいると思いますが、私は、その日の服や天候に合わせてローテーションさせていく。同じパターンの物は持っていません。冠婚葬祭用やパーティー用の口紅しか入らないバッグ、エコバッグは別として。仕事用とプライベートとちょっとお呼ばれのときに持ち歩けるクラッチバッグを含めて10個。それ以外をいまは必要と感じないので、バッグはもう数年買っていません。

数も増えず、捨てることを悩む必要もない。必要になったらそのときに買うか悩めばいいだけのことで、気持ちもシンプルになります。

# 自分の「買い方の癖」のタイプを知る

物のデトックスをする際に、必ず行なってほしいことがあります。それは、**自分の買い方の癖を知る**ということ。それが一番わかるのは、物を捨てるときなのです。

私の傾向が顕著に表れていたのは、仕事用のパンツでした。同じパンツが何本も出てきたときに、ハッと気づきました。ジャケットやシャツ、スカーフやバッグ、靴を変えて、おしゃれに見える同じパンツを何本か買い、予備は洗濯用という感じだったのです。

おしゃれは大好きだけど、毎朝フルコーディネートを考える時間の余裕もなく、仕事が忙しく休みの日はゆっくり過ごしたい。だからまとめて買うところがありました。口紅など限定色だと2本買っちゃう。

いまは複数買いはしませんが、デトックスしているときに同じ物を何個も買うのが私の癖だとハッキリしました。

格好よく言えばおとなな買いですが、これが私の癖です。

バリバリのキャリアの友人も、コーディネートを考える時間がないから、同じ服を2、3着買ってきちゃうことがあると言っていました。消耗品扱いです。

また、色違いや同色で、同じ物を2~3セット買う友人もいます。靴も服も同じのがあると、安心。1着買って気に入り、次に買いに行ってなかったら嫌だから。着やすいのに来年なかったら嫌だからと同じものを買ってしまう。

靴も同じ理由です。

「買い方の癖」には、いくつかパターンがあります。店員さんにすすめられて買っているのか、衝動買いしているのか、必要だから買いに行っているのか。

自分が次のどのタイプに当てはまるのか、ちょっと考えてみましょう。

自分の買い物の癖やタイプを知ることで、その部分に気をつけて買い物をすれば無駄遣いをしなくなり、デトックスも苦労しません。

## ●店員さんにのせられるタイプ

店員さんに「お似合いですよ」と言われると、気持ちが高揚しますよね。友人を見ていても、店員さんにのせられて買っている率も多い気がします。

「お似合いですよ」の言葉で**うれしい気持ちを抱くとともに、断りづらくなって買ってしまうタイプ**。

**●限定物に弱いタイプ**

安いからというだけで買う人もいますが、限定物に弱い人もいます。

**「最後の一個です」や「いまだけしかありません」は、禁断の魔法の言葉**です。

別の日にお店に行くと「同じのがある」ということもある。ほめられて高揚して買うのと似ているタイプ。

また、いましかないと思って複数を購入する人も、ここに属するかもしれません。

**●買うことでストレスを発散するタイプ**

その場だけの満足感なんだけど、**買い物で興奮すると、脳内にドーパミンが分泌される**、脳が満足し、買い物に取り憑かれてしまうタイプ。

物を買う行為そのものが目的で、買うことに満足し、囚われ、気がつくと物が増えていく。

こういう人は、買った商品が袋のまま部屋の隅っこに置かれている場合も多い。

**●インスピレーションで衝動買いするタイプ**

パッと見の印象やインスピレーションで買ってしまうタイプ。自分のワードローブを考えず、「これかわいい、これいい」と買ってしまうので、合わせる洋服がなかったり、持っている物と合わなかったり、同じ物を持っていたり。

**その日の買い物上限金額を決めていない**から、クレジットカードという魔法のカードで、つい多くの物を買ってしまうタイプでもあります。

**●ないと不安にかられるタイプ**

知り合いにトイレットペーパーを高く積むぐらい買っている人がいます。

あると安心、ないと不安。

コロナ禍で店頭から商品がなくなったことがありましたよね。そのことも手伝って、**心が安心するのか、一個使うと買ってきて補充する。**ティッシュペーパーや缶詰、インスタントラーメンなど、そういう日用品を大量買いする人もいます。

# 所有する物の上限個数を決める

玄関に靴が何足も並んでいませんか。

私も以前、靴を何足も持っていて、「この家に何人住んでいるんだ」っていうぐらい多かったこともあります。

いまはブランドを決めているので、**一足捨てたら一足買う**ことにしています。レインシューズを外してスニーカーやサンダル、ロングブーツやパンプスも入れて全部で**最高10〜15足と決めています。**

自分の足に合うシューズブランドを決めておけば、何を買っても雰囲気を統一することができる。

女性の場合はとくに、実際に履いて一日生活してみたら、すごく足が痛くなることが起こりがち。捨てちゃえればいいのに、そこで「もったいない」がはじまる。「今日は痛いけど、次は大丈夫かも」という「かも」で靴が増えていく。

日用品の購入も、個数を決めてしまえばいい。

ありがちなラップやジップロックなど、いっぱい買わないと不安な人はとくに、自分で個数の制限をかけちゃう。収納スペースを考えて、これ以上はもう無理というところで制限する方法もあるでしょう。片づける場所をバラバラにしていると、いくつあるのか忘れがちになるので、保存場所も一カ所に決めるのがおすすめです。

## お気に入りのブランドを3つ決める

ワンシーズンで使い捨ててしまう服ならいいのですが、コート、ジャケットやスカーフなどは、流行りではなく、長く着られて使えるいい物を選んでおきたいところ。

数年着られるようにするには、買い方を変える必要があります。

ありがちな買い物は、ウィンドウショッピングでパッと買ってしまうこと。買ったはいいけど持っているものに合わないというケース。そうすると、また服が増えてしまう。

そこで、**服を買うお店を、3軒までに制限してみる。**同じブランドなら、新商品が出てもすぐに見分けがつくし、ほしい物は購入しているから衝動買いすることもあまりありません。しかも、コーディネートも簡単です。

店員さんと仲よくなってくれれば、自分が何を買っているか覚えていてくれる。「これを買いたいんだけど」と相談したときに、「あれを持っていらっしゃるんだったら合うんじゃないですか」と提案してくれる。押しつけてくることもないし、無理に買う必要がないから服は増えていきません。

ファストファッションもいいのですが、他の人と同じ服がかぶってしまうのが難点。ただ、Tシャツやヒートテックは期間限定で着たり、ふだん使いの部屋着にしたりすればいいと思うのです。おでかけするときに、女性は部屋着は着ないことが多いと思うので、おでかけ＝仕事でも使えるかどうかという観点で選べばいいと思います。

ブランド選びのコツは、まず**自分が好きな物で、あまり流行りすたりがなく、1年を通して同じラインを作っていること。**スタンダードで長く着られるような物があり、自分が持っている物と組み合わせてトータルで考えられる。

アシンメトリーや、袖がひらひらしているマーメイドラインなどは、その年に流行っていても、翌年まで続いている可能性はあまりありません。流行は期間限定で捨てても大丈夫と思える物を、上手に取り入れましょう。流行はワンシーズンに一点でもいいわけです。無理に流行りに合わせる必要はありません。

## 夏物・冬物は同じ場所に置いて管理する

壁面を使った〝見えない収納〟が流行っていますが、それが落とし穴になる場合があります。壁の中に入れてしまえば見えなくなりますが、買ったことすら覚えていないことにもなりかねません。

収納する物は、必要度に応じて区別しておくのがいいのです。

とりあえず、人が来るから隠しちゃえなのか、ふだん使うけど片づけているのか、本当はいらないけど捨てられないから取っているのか、明確に分けておくと便利です。

夏服と冬服も、以前は**シーズンオフにしまっておく場所とふだん収納する場所は別々だった**

**んですが、いまはまとめて同じ場所に置く**ようになりました。季節ごとに衣替えはするけれど、夏服と冬服を別々の場所にしまうと、本格的に衣替えをしない限りそこを見ることなく、つい新しいのを買ってしまう。そうすると似たような物が増える悪循環がはじまります。

友人のお掃除アドバイザーのノウハウによると、まず箱を2つ作る。

「いるかもしれない箱」と「いらない箱」に分けてとりあえず整理する。

いらない箱は半年経ったら箱ごと捨てちゃうと言います。整理する際には、いるかもしれない箱を開けて、いらないかどうかをさらに分別する。それもひとつの方法です。

私の場合、最終的には使っているか、使っていないかで判断しています。

化粧品もそうやって分けています。次のシーズンに入る前に、これは引き続き使えるのか、使えないかで分けている。そうしないと増えていくのです。

それぞれに基準が違うので、自分なりの捨てる基準とルールを作ると、整理するときに楽になります。

# セールでは買い物をしない

お正月あるあるで、福袋が好きな方も多いですよね。安くなっているし、値段のわりに商品がいっぱい買えるのが魅力なのかもしれません。でも、いざ開けてみるとサイズがまちまちで、実際には使えなかったりする。

私はもともと福袋には興味がありませんが、言えるのは、**福袋やセール品には近づかないこと**。自分の好きなブランドのセールに行っても、本当はほしい物はないはず。ふだんからそのブランドと決めていれば、ほしい商品は購入済みのはずだし、セールで扱っているのは売れていなかった商品が安く売られているということ。ラインナップもわかっていて、ほしい物はないはずなのに買おうとする心理が働き、ついつい買ってしまう。本来なら安くなったところで買う物はない。

要は自分は何がほしいか、それを見極めているかどうか。セールで買った物は着ないことも多く、30%オフだからと買ったところで、次の年にはデザインも変わる。また新作がほしくなって、セールで買った物は着ずに終わっていることも多いはず。

では、友人にセールに誘われたらどうするか。

そのときは**自分は買わないと強く心に決める**しかありません。ついていくけれど自分は絶対に買わない。買っちゃうなと思う人は、クレジットカードは持たず、キャッシュカードや現金は必要最小限しか持っていかない。究極です。

そして、**お取り置きもしてはいけません。**お取り置きはしないというのが、私のルールです。受け取りに行ったときにほしくないと思っても断れないお取り置きほど怖いことはありません。

友人のつき添いで買い物に行く場合は、「今日は私は買わない。友だちのお供をするだけ」と決める、その割り切りが必要なのです。友人が買い物したところで、自分の好きなブランドでなければ買うことはありません。「私には似合わない、好みではない」となる。持っているものと合わせにくければ無駄な買い物もなくなります。似たようなファッションが好きな場合は、心を強く持つしかありません。

では、友人と買い物中、もし自分の好きなブランドに近づいたらどうするか。その日は行かないと、自分で決めるしかないのです。

とくに、好きなブランドが被っていたりするとちょっと大変。同じブランドでも、ラインが違うのであれば、まあ許せますが、好きなブランドだけに同じような服に目が止まったりします。そんなときも毅然とセールでは買い物しない、と自分のルールを完徹しましょう。

## 店員さんの断り方

自分では絶対に似合っていないと思うのに、店員さんから「お似合いです」と言われること、みなさんも経験ありますよね。「お似合いですよ」とほめられる、おだてられる。「えっ、そうなの？　じつは似合ってないんじゃないかと思うんだけど、ほんとに似合ってる？」。店員さんの言葉に心が揺らいで、買うつもりはまったくなかったのに、ついその気になって買わない気持ちが折れて物を買ってしまいそうになる。。

私は「ありがとうございます」と軽くお礼を言ってその場を流しますが、それに負けちゃう女性がいることも事実です。ほめられると断りきれない。

友だちにつき添って買い物に行く際は、**店員さんが寄ってきたら「大丈夫です」と笑顔でやんわりと断りましょう。**

いつも通っているブランドであれば、顔見知りの店員さんにひと声かけておけば、友人を紹介したと思ってくれるかもしれません。

問題は、顔なじみではない店で、「今日はつき合いなので、買わないので大丈夫です」と毅然と断れればいいのですが、なかなか言い出せない女性も多いと思います。すすめられたら悪いなと思って、買ってしまうこともあると思います。

だからこそ、店員さんには近づかない。そして断る。

断り方も感じ悪くするのは嫌なので、笑顔でニコニコしながら「今日は大丈夫です」と言って、おだてられる前に断りましょう。

あとは、同行する友人のサポートに徹しまくる。友人が試着するたびに、**店員さんと一緒になってほめまくります。**買う立場ではないことをアピールすれば、自分にすすめられることはなくなります。

とはいえ、きちんと断ることを覚えることも大切なことです。

# 1カ月に使える予算を決めておく

好きなブランドを3つ決めてからというもの、他のブランドに目が行かなくなりました。自分が何が好きか、何が似合うのか決まっていないからこそ、さまよってしまいがち。化粧品も合う／合わないがわからないと、いろんなメーカーを試して増えていってしまう。ブランドの固定さえできれば、他のところで買うことがなくなる。

たくさん買いがちな人ならばとくに、**予算を決めておくといい**でしょう。上限を決めておかないから、まあいいかと買ってしまう。

クレジットカードは翌月以降に請求がくるので、マメに使用履歴を確認していない限り、支払い金額が確定するまで請求金額はわかりません。クレジットカードのなかには、請求が来る前にATMで精算できるものもあります。その月内に支払ってしまえば、翌月に持ち越さなくて済む。デビットカードも銀行口座に決めた金額を入れておいて、その範囲内で買い物をすれば使いすぎることもありません。口座から引き落とされるだけだから、うまく利用すれば必要以上にお金を使うことはなくなります。

部屋の広さや、お金や心に余裕がある人は、断捨離する必要はなく、その範囲で買えばいいのです。実際にはそういう人ほど、当たり前のように不要な物を手放しているように思います。必要な物を必要な時に無駄なく買っているのです。

自分のキャパシティを知ることも、大切なことです。

## 精神的に不安定なときは買い物に行かない

女性は情緒が揺れ動く生き物。心が満たされたくて買い物に行く人も多いんじゃないかな。食べ物で甘い物をやたら買い込んで、それだけでお腹いっぱいになるような買い方をする人もいますよね。

経験則でいえば、**精神的に不安定なときには買い物に行くべきではありません。お腹が空い**

**ているときにスーパーやデパ地下に行くのもおすすめしません。**必要以上に買い込んでしまいがち。

かつて、デパ地下でお惣菜を買いすぎて、食べ切れないこともありました。お腹が空いているときや気持ちが不安定なときは、買い物に行かないことです。

もし買い物をするなら、**お腹を少し満たして**から行けば衝動的に買うことも抑えられます。イライラしているときも、考えもせず不必要な物まで買ってしまいがち。ストレス発散になるから買ってしまう。そして、そんなときこそ、いい物は買っていない。使わない物を選んでいたり、とりあえず買っていたりすることもある。必要以上の食べ物で体重が増えるのは、本当によくありません。

イライラしているとき、寂しいとき、むしゃくしゃしているときに買い物をすると、買い物で満足を得るという誤ったシグナルを脳に送ることになります。そのため、同じようなシチュエーションで行きたくなってしまう。負の連鎖でスッキリするのは、買い物依存症に近い状態に陥っているためかもしれません。

気持ちが不安定なときは、不必要な買い物をしないように注意しましょう。

第2章

# 食のデトックス

## 病気になる前に内臓を休ませる

「聖人は未病を治す」という言葉があります。

いまから2000年以上前の漢の時代に、現存する中国最古の医学書と呼ばれる『黄帝内経』が編纂されました。そのなかの文章にある「聖人不治已病治未病」で、未病という言葉が初めて使われました。

「病気になってからでは遅い、聖人は病気になる前に治す」という発想が示されています。

いまでも、糖尿病を一度発症してしまうと、それから10年かけて平常に戻せるかどうかでその先が変わると言われます。

食事や運動によっていかに健康な状態を保つか。その考え方を取り入れてみるべきです。

30代になると、ほうれい線や肌のくすみ、シミなどが気になりはじめます。レーザー施術をすれば手っ取り早く治すことはできますが、食生活が乱れていると、同じことを繰り返してしまうのです。

住まいを整えていく「物のデトックス」と同じように、自分の身体も整えていく必要があります。

身体を健康に保つには、食事に気を配ることが、最も近道だと言えるでしょう。

食材には採れる場所や時期によって身体を温めたり冷やしたりする傾向があり、旬に食べるべき理由があります。

また、食材や調味料のなかには、避けるべき農薬や食品添加物が含まれています。これらをできるだけ口に入れないようにする知識が必要です。

ふだんの食生活で、弱った内臓を休められるのは週末しかありません。

どのようにすれば身体をリセットできるのか。

病の兆候や内臓の疲れを事前に察知しながら、日本人の身体に合った食事を取り入れて内臓を休ませる。

内臓を休ませることが、免疫力を高めることにつながるのです。

病気に強い身体をつくりましょう。

# 内臓を休ませるのが食のデトックス

デトックスとは、体に溜まった老廃物や毒素など、悪い物を排出するというイメージが強いと思います。

私が伝えたい「食のデトックス」は、東洋医学でいう身体の状態を「中庸」に整え、無駄な食品添加物を家では摂らないことを目的としています。

食べ物を分類するのに、陰性・中庸・陽性に分ける方法があります。ふだんの生活のなかで、ストレスや飲食の方法によって、知らず知らずのうちに身体が陰陽どちらかに傾いていることがあります。

**身体の陰陽を整え、中庸に近づけることで、心も身体も健康な「軸」を作っていく**ことができます。

ふだんから、朝は洋食、昼は中華、夜はイタリアン、といった食生活をしていると、内臓だけが世界旅行をしているので、思っている以上に内臓が疲れています。

揚げ物ばかり食べているとか、塩分を摂りすぎている、肉ばかり食べている、緑黄色野菜をほとんど摂っていないなど、偏りがあるはずなのです。

週末だけシンプルな食事で養生をし、内臓の疲れを取りましょう。

週末ファスティング（断食）やプチ断食などいろいろな方法がありますが、食事を三食抜くと、心が折れてしまう人もいますよね。私は折れます。

そんなときこそ、中庸の食事、みなさんもよく知っているお味噌汁・玄米・青菜といったシンプルな食事に戻すのです。

**週末だけ味噌汁と玄米と青菜にするという発想**です。

玄米が無理なら、白米に麦や雑穀を入れて炊けばそれで大丈夫です。

ハードルが高すぎるようならば、夜だけこのシンプルメニューにしてもいい。お昼はどこかに食べに行ってもいいの。夜だけはシンプルな食事。これでがんばってみましょう。

最初は味気ない、物足りないと思うかもしれませんが、この食事方法を生活に取り入れると、週明けの胃腸が楽になります。

また、この食生活を実践すると体重が落ちやすくなります。

# 食のデトックスの第一歩は「偏り」を知ること

仕事をしていると、ランチは外食になったり、コンビニのお弁当を食べたりしがちです。週末に食のデトックスをするには、まずは「偏り」を知ることが第一歩となります。ふだん、自分は何を食べているのか。何を多く食べているのかを知ることが大切です。

確認方法としては、まずは書き出してみること。**過去1週間、朝、昼、晩で何を食べたのか、書き出してみましょう。**

コンビニのお弁当は何日間食べたのか、家でごはんを食べたのはどの日かも思い出して書いていく。考えると、自宅で自分で作るごはんが少ないことがわかってくるかもしれない。そして何を食べていたのか、メニューを思い出してみる。パン食だったり、パスタが多かったり。自分の食の偏りや傾向がわかってくるはず。

日本人は、基本的に炭水化物を多く摂りがちです。お米だけじゃなく、パン類もあればパスタも食べるし、うどんやラーメンもある。ごはんを控えることを気にしているのに、他の炭水化物を食べることが多い。そして、タンパク質やお野菜の摂取が少ない。

炭水化物を減らすことを考えるのではなく、**炭水化物を食べたら何を補うか**が大事。減らすのはストレスになります。むしろ、食のデトックスのためには、玄米でなくてもいいので、雑穀で炊いたお米を食べてほしいのです。

なぜ玄米がいいのかというと、玄米は身体を陰陽に偏った状態から中庸に戻す第一歩だからです。カロリーを気にする人もいますが、食物繊維やビタミンＢ１、マグネシウム、フィチン酸などが含まれており、お味噌汁、青菜と合わせれば栄養価のバランスも申し分なく、理想の中庸食です。

もうひとつの偏りは、お野菜を食べているかです。生野菜のサラダや根菜でもいいのですが、旬の季節野菜を取り入れ、食べましょう。

日本には四季があるように、**身体のなかの臓器にも季節ごとに弱くなる臓器、養うべき臓器・器官があります。**本来、栄養価に優れているのが、自然の力で育った旬の食べ物です。地の旬の食材を食べることによって、季節の臓器を養う食材となります。上手に取り入れていきましょう。

お酒についても少し書いておこうと思います。

私は「隠れ家」と勝手に名づけているお気に入りのBARで至福の時間を過ごしたり、友人とのランチなどで飲んだりすることもありますが、家ではほぼお酒を飲みません。

ひとつの提案として、**週末デトックスのときは、肝臓を休めるためにもお酒はお休みしてみましょう。**

もしどうしても飲みたいと思ったときは、緑茶ハイや、ハーブティーで割るのがおすすめです。ローズヒップなどビタミンCを多く摂取できるハーブティーでお酒を割れば、ビタミンCも摂れ、見た目もおしゃれできれい。

なぜビタミンCがいいのか。それは、ビタミンCの役割にあります。

免疫増強、美肌効果、骨粗鬆症予防、ストレス軽減、アレルギーヒスタミン濃度低下といった働きをするからです。

飲酒は身体にとってはストレスなので、**ローズヒップなど、ビタミンCが多く含まれた物を摂取しましょう。**

そして、健康のため、グリーンスムージーを飲む方もいると思いますが、私は個人的には、あまりおすすめしません。

大きな理由は、内臓が冷えるから。

内臓の動きが悪くなるということは、身体が冷え、肌の老化も進みやすいのです。絶対に飲んではダメではなく、**グリーンスムージーを飲むなら常温や温かくして飲んだり、生産された素材の産地を考えて選ぶなど、温度や素材も気にしてほしい**のです。夏の果物には身体を冷やす物があることも広く知られていますよね。

たとえばバナナ。バナナは産地がフィリピンなど暖かいところの果物で、身体を冷やします。夏はいいけど、冬は省くといいと思います。

また、果物には果糖が多いため、糖をたくさん摂取することになります。

柑橘類を入れる方もいますが、柑橘類を朝摂ると、ソラレンという成分が紫外線の吸収を高めてしまい、メラニンを多く生成してしまう。結果的に、光老化にもかかわってきます。

ただし、その日は外出しないのであれば、朝に柑橘類を摂っても問題はありません。柑橘類にはビタミンCが多く含まれているので、外出から戻ってきてから摂取するように変えてみましょう。

グリーンスムージーを否定しているわけではなく、摂取する方法や時間、季節を知ることが大切なのです。

# アンチエイジングは見た目ではなく内臓から

アンチエイジングって、老化を止め、見た目の年齢を若く保つことと思っている方も多いと思います。

見た目年齢を保つために、シミやくすみを取るのに年に数回レーザー施術をする方もいらっしゃいます。レーザー施術したのに、またシミやくすみが浮き上がってきてしまう。何度やっても繰り返す方も少なくありません。

その理由は、**食事に偏りがあり、内臓を養っていないから。**表面だけ治療しても、またシミやくすみが浮いて出てくるのです。

アンチエイジングとは、老化を止めることではなく、老化の進行を緩やかにすること。一日でも健康で美しく生きる方法と考えられています。

そのためにも食事を整え、内臓から養いましょう。

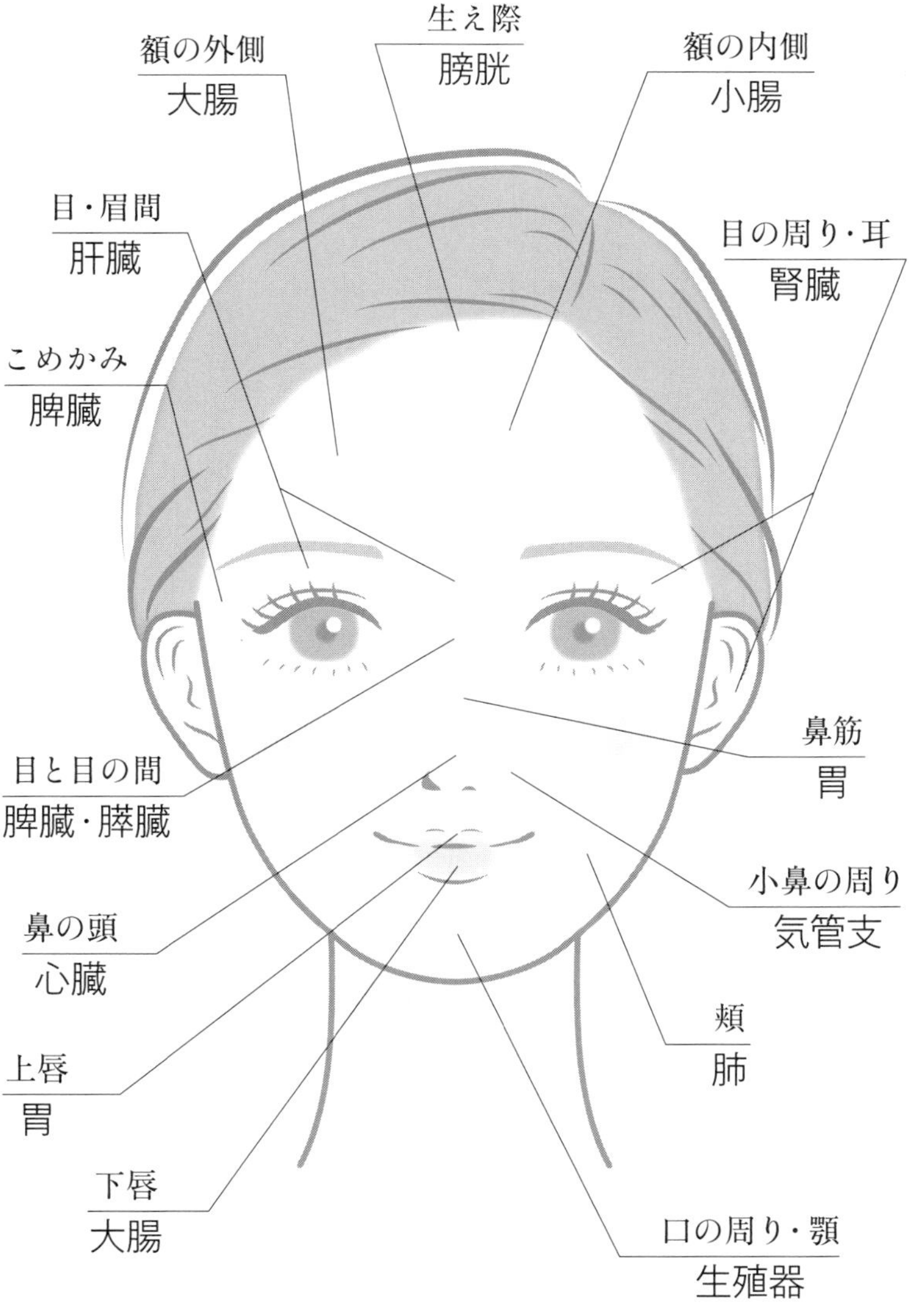

生え際
膀胱
額の外側
大腸
額の内側
小腸
目・眉間
肝臓
目の周り・耳
腎臓
こめかみ
脾臓
鼻筋
胃
目と目の間
脾臓・膵臓
小鼻の周り
気管支
鼻の頭
心臓
頬
肺
上唇
胃
下唇
大腸
口の周り・顎
生殖器

内臓の弱りや疲れを知るのに、マクロビオティックでは「望診断」という方法があります。東洋医学の診断法のひとつで、顔や身体に表れる症状を診て、内臓や心の健康状態を判断します（前ページのイラスト参照）。

目の下にたるみが出てきたら腎臓が弱っている、額の外側にぶつぶつが出たら大腸が疲れている、などを判断するのです。

東洋医学では体調が悪くなる前の未病のときに、養生しながら健康に保ちましょうという考え方なので、病としての変調が出る前に食べて養うことを考えます。ふだんから内臓が発する身体のサインに気をつけて、変調がないかを確認する癖をつけましょう。そうすれば、生活習慣を見直してみることができます。

毎日、顔を鏡で見るときに、異変がないかを確認するのもおすすめです。ニキビや吹き出物や赤みやくすみ、しわ、血管の浮き、肌のカサカサやブツブツなど、些細な変化に気づきましょう。

各部分に異変のサインが出たら弱りや疲れが出ている兆候。注意しましょう。

# 内臓の疲れや弱りが感情や体臭でもわかる

身体の変調や内臓の疲れは、しわやシミなどの肌の変化だけでなく、体臭としても表れてきます。**ニオイの特徴によって問題のある臓器がわかる**のです。

陰陽五行では、臓器の弱りが感情や身体のニオイに連動すると考えられています。

知り合いに看護師さんがいるのですが、患者の行動を見ていると、どこの臓器が悪いのか、だいたいわかると言うんです。

肝臓の病の方は怒りがすごいらしいんです。泣いて過ごしている人は大腸や肺に疾患を抱えている方に多くて、孤独感が強く出てしまう。陰陽五行では、胃に問題を抱えている人は思い悩む傾向が強いとされています。

反対に、怒りっぽいから肝臓の疾患になってしまうという話はあまり聞きません。むしろ、肝臓が悪くなるような食生活をしているから、肝臓が弱って怒りっぽくなってしまうのかもしれません。

【木】　肝臓、胆のう　脂くさいニオイがする

肝臓・胆のうが弱ると、脂・油物を好んで食べたくなるため、脂肪分の多い食事はそのまま脂くさい体臭になる。

【火】　心臓、小腸　焦げくさいニオイがする

心臓・小腸が疲れていると焦げくさいニオイがする。苦いコーヒーやビール、タバコ、味が濃い物、お酒、肉類が好きな方は心臓の循環器系が弱まり、血液循環が悪くなり、体臭も強くなる。また焦げた脂を含む動物性食品などが小腸に滞って生じると考えられている。

【土】　胃、脾臓、膵臓　甘ったるいニオイがする

甘いお菓子やケーキ、アイスクリーム、菓子パンなど、白砂糖を含む食べ物の食べすぎが胃、脾臓、膵臓を弱らせ、甘ったるい体臭をもたらすと考えられている。

【金】　肺・大腸　生ぐさいニオイがする

乳製品や牛肉、魚料理が生ぐさいニオイの原因。ニオイの元となるアミノ酸のアミン類など

の腐敗物質が、大腸や肺に多く存在するリンパ管に詰まり、生ぐさいニオイを生じさせると考えられている。

**【水】腎臓、膀胱　腐ったニオイがする**

卵やハム、ベーコンなどの加工食品やナトリウムを過剰に摂取していると、腎臓の働きが弱まり、腐った卵や腐った魚のようなニオイが生じると考えられている。また、チーズのような青くさい加齢臭も、腎臓の弱りで出てくるニオイと言われる。

## 「体が欲する」は内臓疲れのSOSサイン

内臓が弱ってくると、特定の味覚をほしがる傾向があります。

たとえば肝臓が弱って疲れてくると、カツ丼や天ぷらやナッツ類など、なぜか脂っこい物を欲するようになります。

| 臓器 | 体にいい食材 | 弱るとおいしいと感じる |
| --- | --- | --- |
| 肝臓、胆嚢 | **【青い物】**日本でいう緑の物。青菜など葉物野菜、ブロッコリーなど | 肝臓が弱り疲れてくると、脂っこい物や酸っぱい物を食べたくなる。お酢のドリンクを飲みたくなり、おいしく感じる |
| 心臓・小腸 | **【赤い物】**昔からの養生食としては梅干しがおすすめ。夏の野菜ではトマト | 心臓が弱り疲れてくると苦い物を欲する。ビール、コーヒー、ゴーヤ。あと、心臓は塩味が強い物をおいしく感じる |
| 胃、脾臓・膵臓 | **【黄色くて甘みのある物】**かぼちゃ、とうもろこし | 胃や膵臓が弱り疲れていると甘い物が食べたくなる。ケーキやジュースを大量に摂取 |
| 肺、大腸 | **【白い物】**大根、ネギ。すりおろした大根おろしを食べると大腸の掃除になる | 肺や大腸が弱り疲れていると、肺は発汗作用を担っているため辛い物を食べたくなる。スパイス系の辛い物 |
| 腎臓、膀胱、生殖器 | **【黒い物、冬の根菜類】**小豆、黒豆、海藻類、八丁味噌。<br>※小豆茶を飲んでおいしいと感じたら腎臓が疲れている合図。体内の老廃物を外に排出するデトックス効果がある | 腎臓や膀胱が弱り疲れてくると、血液中の毒素が濾過装置である腎臓の負担が増える。ふだんから食べすぎ飲みすぎの方は注意が必要 |

コーヒーなど苦い物を好む人は、心臓・小腸が弱って疲れている。陰陽五行では夏は火の季節で、心臓や小腸を司ります。夏は外にいるだけで疲れますよね。心臓がバクバクするぶん、心臓に負担がかかる。夏にビールやブラックのアイスコーヒーやゴーヤチャンプルがやたらおいしく感じるのは、心臓に負担がかかることによって苦味のある物を欲するようになり、おいしく感じやすくなるからです。

**臓器が健康かどうかを知る際に、望診断だけでなくこうした食べ癖による傾向を知ることでも判断できます。**

脂っこい物ばかり食べていると、肝臓はさらに弱って疲れていきます。食べちゃダメではなく、量にも問題があることを知るのが大切なのです。やたらと偏って食べている自覚があったり、「肝臓が弱って疲れてるんだな」と気づいたりしたら、油・脂料理を減らし、肝臓を養う薬物野菜など、青い食材を取り入れて養いましょう。

食べ物の色彩と身体が欲する味覚は五行で分類できます、右の表にまとめてみたので役立ててみましょう。

## 安くて量が多い食材はそれだけの理由がある

スーパーに行くと、つい安い食材に目がいきます。同じ野菜でも中国産などは安くて量があるので買う方もいると思います。

それぞれの家庭の買い癖というのがあって、それを知ることが大切です。安いからダメではなく、**なぜ安いのかを知って選択しましょう。**

安い野菜は農薬を多く使われていることがあります。海外から輸入される農産物では、輸送保存時における品質を保持するため、収穫後の農作物に害虫やカビの発生を防ぐよう防腐剤を使った農薬処理が行なわれることがあります。そのため、皮をむいて食べることが推奨されています。

一方、海外から輸入されるオーガニックや国産の無農薬野菜を買えば、**皮ごと使えるため皮と実の間の栄養も摂れ、捨てるところも格段に少なくなります。**その結果、無農薬のほうが利用できる量が増える場合があって安上がりになり、フードロスにもつながります。そこがわかればあとは自分で選択をするだけです。

海外野菜を選ぶ際、オーガニック（有機）認証を受けて輸入された物は大丈夫です。たとえば、アメリカのＵＳＤＡの認証は、３年以上、化学農薬、化学肥料を使用していない圃場《ほじょう》で栽培された物であり、もちろん遺伝子組み換え作物も認められず、日本以上に基準が厳しくなっています。ポストハーベストといって、船などの輸送の際に使われる農薬も認められません。輸送方法もまったく違う。オーガニック認証があれば安心です。

そして調味料。使い切れないのに、大きい物を買っていませんか。

賞味期限が切れてもずっと使っているなら、小さいサイズを買って使い切るのがいい。時間が経っても味がまったく変わらないのは、食品添加物が使われているから。

量が多くて安いのには、それだけの理由がある。ラベルの裏を見て、なんだかわけのわからないアルファベットやカタカナは、ほとんどが食品添加物です。**無添加や調味料本来の材料で作られている物に変えるだけ**で、家で摂取する食物添加物は抑えられていきます。これこそが食のデトックスの第一歩です。

海外では使用できない添加物が、日本で使用されているケースも少なくありません。添加物によっては発がん性があったり、鬱症状が出たり、腎臓・肝臓への悪影響を引き起こしたりする物もあります。

食品添加物がすべて悪いわけではありません。添加物をまったく摂らないというのは無理な話です。自分で選択し、減らそうとすることが大切なのです。

すべてを摂取しないではなく、自分で減らせる部分を工夫してみる。自宅の調味料を見直して、添加物をデトックスしてみましょう。

## 外食では添加物と塩分に注意する

1週間にどんなメニューを食べているのかを知るのと同様に、自分が外食でお店を決める際に、どういう基準で選んでいるのかを知ることも大切です。

安いから、好きなチェーン店だから、友人と行くときも、どういう傾向で店を選んでいるのかを考えてみるといいでしょう。なぜなら、自分の食べ癖がわかるから。

ちゃんと野菜を食べているか、肉ばかり食べていないか、魚介類をしっかり摂っているかなど、自分の傾向を探ってみる。野菜にこだわり生産地や生産者の名前を出しているところは、食品添加物を使わず、作り方にもこだわっている店が多かったりします。添加物を使っているところに行くなではなく、**外食が続いたから明日は添加物を少なめにしよう**という見方ができるようになる。それが食のデトックスにつながります。

かつて、とあるチェーン店のＣＭを見て、どうしてもそのハンバーグが食べたくなりました。懇願して連れて行ってもらったのに、食べたらじんましんが出た。何が原因かわからないのですが、何かに反応したのは間違いない。子どもの頃、懇願して食べたカップ蕎麦でじんましんが出たり、もともとアトピー肌でしたが安い卵を食べるとかゆみが出たりするのを思い出しました。

食品添加物と同様に、塩分の摂りすぎにも注意が必要です。

お店で塩分を控えるのはむずかしいですよね、塩分を摂ったら排出する。その方法を知り、取り入れてみてはどうでしょう。

私はあずき茶を飲みます。**あずき茶はカフェインレスで、サポニンという成分が血流をスムーズにし、余計な塩分と水分を排出する働きがある**と言われています。

また、日本古来の伝統茶である、梅醤番茶もおすすめです。梅干しにお醤油を少々入れ、三年番茶を加えて飲みます。三年番茶は香ばしくまろやかで、**新陳代謝を高めてむくみを取ってくれる万能茶**です。梅醤番茶を飲んでおいしいと感じるときは身体や内臓が疲れて弱っているときです。飲んでもおいしくないときは、いまは正常だっていうのがわかる。

カリウムを摂取すると塩分を排出してくれますが、かといってサプリメントを飲めばいいというものでもありません。バナナやメロンに多く含まれていますが、バナナやメロンばかりを食べていたら糖質も気になります。**切り干し大根や海藻にもカリウムが豊富に含まれています。**むずかしく考える必要はありません。食事に取り入れてバランスよく摂ればいいのです。

## 外食でストレスを溜めない方法

これまで添加物やオーガニック素材など、いろいろな話をしてきましたが、いつも気にしているわけではありません。友人と外食するときは、オーガニックだの添加物だのは一切気にしません。

**何も気にせず、友人と好きな物を食べる。**そこで「無農薬じゃないと」「添加物が気になる」「白砂糖が気になる」などと気にするのはやめましょう。こだわりすぎると自分も疲れるし、間違いなく友人がいなくなります。

最初から友人になりたくない人だったら、いっしょに食事に行くこともないでしょう。友人がオーガニックに興味があるとも限りません。同じ方向性であってもオーガニック料理ばかり食べに行っているわけでもない。マクロビやオーガニックの落とし穴は、絶対にそうでなければいけないと思い込んでしまう方がいるということです。

気の合う友人との食事で「私、お肉は食べられないのよね」とか、「無農薬じゃないと」とか言うと、食べに行くところが限られてきます。「デザート食べに行かない？」と聞かれて「いっぱい白砂糖使っているから無理」なんてことは考えず、張り切ってケーキやパフェも食べる。無添加などのこだわりは一旦忘れて楽しむ。

大切なのは、ストレスを溜めないこと。**食材へのこだわりも大切ですが、こだわりすぎるからストレスになる。**

ただひとつ、友人との食事で私のお願いは伝えています。肉であろうと魚であろうとなんでもいいけれど、せっかく外出するのであれば、ちょっと高くてもいいからおいしい物を食べに行きたい。

ファミレスも、まったく行かないわけでもありません。イタリアンファミレスの「ドリア食べたい」って言われたら「じゃあ行こう」って出かけることもあります。「ラーメン食べたい」って言われればラーメンも食べに行く。

では何が違うのかというと、外では自由に食べたり飲んだりしたとしても、家ではデトックスをするということなのです。

ラーメンを食べた日の夜は、お味噌の量を減らしたお味噌汁や塩味を抑えたスープなどで軽めの夕食で済ませます。しかも、物足りなさを感じないように、だしを効かせて塩分の調整をしています。

マクロビオティック生活をしている方は、麦味噌を使っていると思います。東北の味噌は塩分が強めで、関西や九州の麦味噌は甘くて塩の量はそれほど多くありません。作り方は地域によって違うんですが、摂取する塩分もどこかで少し減らすようにしています。食べないではなく、摂取量を調整することを覚えましょう。

# 味噌汁、玄米、青菜が週末デトックスの基本メニュー

体調を整えるための週末デトックスとして、以前はファスティング（断食）を実践していたことがあります。しかし現在はファスティングはやっていません。基本、食べることが大好きで、ファスティングでお腹が空くのを耐えられませんでした。ファスティングは私には向いてないと思い、やめました。

私が家で行なっているデトックスは、**お味噌汁と玄米と青菜による、身体を中庸に戻すためのシンプルな食事だけ**です。

たとえば前日に食べすぎたときは、温かい青汁とナッツを食べたり、具なしの味噌汁を飲んで調整したり。

塩味もちゃんと摂れるし、お味噌の栄養分も入っているので、臓器に負担をかけずにリセットし、内臓を休めることもできる。小腹が空いていたら豆腐を入れて食べてもいいし、お味噌

汁は万能です。

週末デトックスでは、マクロビオティックを軸とするため、かつお節などの動物性素材を使わず、**昆布と椎茸だしを使用**しています。かつお節やあご（トビウオ）を使っただしは、濃い味のお味噌汁を飲みたいときや、いい食材が手に入った特別なときだけにしてみるといいと思います。

週末デトックス用のだしを取るのを面倒と思う方も多いと思いますが、昆布と椎茸だしは本当に簡単なので説明していきます。

## 週末デトックス用だしの取り方

前日もしくは当日の朝に、昆布と干し椎茸を水に浸し、冷蔵庫に入れておきます。

分量は水2カップに、さっと拭いた5×10㎝の昆布を入れ、干し椎茸は2個くらい浸します。この昆布と干し椎茸を戻した物がだし汁です。

お味噌汁を作る際は、鍋に野菜がひたひたになるくらいの水を入れ、だしを取った昆布と干し椎茸を絞って細かく切って一緒に煮ます。

ポイントは、具材を煮るときに、少なめの水で火を通すこと。玉ねぎやえのきなど、具材はなんでもかまいません、**少なめの水で煮ることにより、野菜から旨味や甘味が出ます。**そこに昆布と干し椎茸を戻しただし汁を加えると、かつお節を入れなくとも物足りなさを感じない、胃腸に優しいお味噌汁が作れます。

具材をたくさんの水で煮ると、旨味の薄い味つけになります。最初に具材の旨味を濃縮しておけば、そこから味が出てきます。味噌汁は作りたいぶんだけ作ればいいので、杯数に見合うだけの水の量でだし汁を取ったらいいのです。

もし、ひとり分だけなら、鍋にかけずに簡単にお味噌汁を作る方法があります。お椀にお味噌を少しと醤油を数滴入れて、海苔をちぎって入れておきます。あとはお湯を注ぐだけ。海苔からだしが出ていい味になりますよ。

もし味気ないと思えば梅干しを1個追加するのもおすすめです。

飲みすぎや食べすぎ、少し胸焼けするときにもおすすめの、簡単海苔のお味噌汁です。むずかしく考えず、気軽に生活に取り入れてみましょう。

## 心と身体を整える食材と調味料

食材と調味料選びはデトックスの基礎を作ります。いずれも天然由来の素材を使った物を選びたいところ。

精製されてない調味料と、添加物が使われてない発酵食品。

日本古来の発酵食品を上手に使って、腸内環境を整え、免疫力をアップさせて、心も安定させましょう。

【玄米】

私が食べている玄米は、無農薬、無化学肥料の自然耕米の玄米です。農薬、化学肥料不使用の物を選ぶのが基本です。

**玄米をおいしく炊くポイントは、電気炊飯器で炊かないこと。使うのは土鍋か圧力鍋。**電気炊飯器だとぱさぱさでおいしくできません。圧力鍋を使うともっちり炊けます。土鍋は圧力鍋ほどはもちもちしませんが、電気炊飯器よりぱさぱさしません。圧力鍋と土鍋を使って炊く時間はあまり変わりません。

鉄鍋でも炊けますが、電磁調理器で炊くとお米がうまくふっくら炊けないことがある。ガスレンジなら、鉄鍋でも土鍋のように炊けます。ガスだと芯まで火が通るのですが、電磁調理器は表面的にしか火が通らないことがあるようで、ごはんをおいしく炊けないという話はよく聞きます。その軽量版が電気炊飯器なので、玄米を炊いてもおいしくならないんです。玄米が嫌われる理由のひとつです。

玄米は、ひと晩水に浸したあと、塩を指でひとつまみ加えるとうまく炊けます。2合ならふたつまみ、3合なら3つまみの塩を入れます。塩を入れることで水の吸収を促進し、皮がやわらかくなる効果があるようです。それから、玄米にお豆を入れて炊くときは、塩ではなく昆布を入れるとお豆がふっくらとおいしくなります。季節のお豆を一緒に炊くと、おすすめの玄米豆ごはんになります。身体にもおいしい玄米豆ごはんを楽しんでください。

## 【青菜】

玄米、お味噌汁にもう一品加えるべきメニューが青菜です。

小松菜やブロッコリー、いんげんなど、緑色の物だったらなんでもかまいません。でも、できれば葉っぱ類をいっぱい食べてほしい。**青菜を食べると、肌のくすみが取れて、肝臓の働きがよくなります。**お酒を飲む方はとくに葉物野菜がおすすめです。

キャベツなら生でも食べますよね。小松菜も生で食べられる葉物なので、お味噌汁の火を止めてから入れるのがおすすめです。私は小松菜を塩昆布と混ぜてサラダにしたり、小松菜のシーザーサラダやナムル風で食べたりしています。

ほうれんそうはマクロビオティックに詳しい人はあまり食べません。ほうれんそうにはシュウ酸が含まれていて、カルシウムと結びついて陰性になることから避けられているのです。結石の原因にもなったりします。私も自宅ではあまり食べませんが、外食では食べます。青くないけれどもカリフラワーも大好きなので、簡単に蒸して食べることが多いです。

青菜の調理法のヒントですが、茹でるのはあまりおすすめしません。青菜やブロッコリーを茹でたお湯には、ビタミンCなどの栄養素が抜けて溶け込んでしまいます。このまま味噌汁を作ればいいのですが、そこで気になるのが残留農薬。無農薬じゃないと、意味がないのです。

そこで**やってもらいたいのは蒸し野菜。火を通す時間が短いので、野菜の栄養素をまるごと摂り入れることができます。**

野菜を簡単に蒸して食べることもおすすめの食べ方のひとつです。

## 【卵・肉】

常用する食材として、卵や肉をどう選ぶかという点についても触れてみましょう。

スーパーの特売で98円のパック卵を見かけますが、個人的には買いません。理由はエサに何を食べさせているかわからないから。卵黄にニワトリが食べた栄養がすべて入っているので、**どうせ食べるなら有精卵のいい卵**を食べましょう。ただ、有精卵については抵抗がある方もいらっしゃるので、農場で平飼いのニワトリにストレスがかかっていない卵を選ぶといいと思います。


子どもの頃、私は全身ではないけれど、アトピーに苦しんでいました。祖母や母親が農家の卵に変えてから、症状が引いていったというエピソードがあります。

いまでも不用意に卵を食べると、ちょっとかゆくなったりします。

養鶏場で囲われ飼育された卵を産むだけのニワトリは、歩き回ったりしないので、ストレスを多く抱え病気になりやすい。鶏自体が病気にならないようにエサだけじゃなくて抗生物質を食べ、その薬剤が私たちの身体に取り入れられているのです。病気に強い元気なニワトリを育てるには、効率を考えずに平飼いすることと、エサにもこだわっていること。値段は少し高いですが、いい卵を食べる理由はそこにあります。

殻が赤い卵と白い卵もありますが、あれはエサの違いだけです。黄身が白い卵は、エサにお米を混ぜています。見た目を変えているだけなので、栄養分は大きくは変わりません。いまはエサを公表している養鶏場も多くあります。それを前面に推している農場もあるので参考にしてみてください。

牛肉や豚肉も同じことが言えます。牛はもともと牧草を食べる動物なのに、肉に脂をつけるために飼料を食べさせているから胃がおかしくなる。病気にならないように抗生剤をいっぱい入れます。

では何を基準に選ぶかというと、**自然な生育環境で牧草を食べさせている物**がいいでしょう。オーストラリアのグラスフェッドビーフ（牧草飼育牛肉）だけでなく、最近は日本でも、北海道の十勝和牛や熊本県阿蘇のあか牛など、放牧された赤身肉が出回りはじめています。

そういうことを知って食べるのと、知らないで食べることの差が大きいんですね。安いは安いなりの理由があるということを知って、自分で選択できるようになることが大切なことだと思います。

【塩】

食卓で見かける青いふたや赤いふたの「食卓塩」。ミネラル分やニガリなどの天然の旨味がほとんど含まれていない、塩化ナトリウム99％の精製塩です。摂取しすぎると高血圧になってしまう恐れがあります。食塩ひとつとっても、調味料選びはおろそかにはできません。

表面に「天然の塩」と表記されていても、ラベルを見ると天然じゃない物もたくさんあります。「粗塩」として売られている物のなかには、オーストラリアやスペインなどの海外の岩塩を日本に運んできて、不純物を取り除いて日本で製造する物があります。再結晶の段階で塩化ナトリウムの割合が高くなり、再生加工塩なので精製塩と大きくは変わりません。

食塩を選ぶのであれば、ぜひ**海水から抽出した塩を選んでほしい**と思います。そして、日本人には日本近海で採れた塩が身体に合います。海外の塩のなかには、天然塩でもマグネシウムの含有量が高い物があります。日本人は海藻などの食材からマグネシウムを摂取しているので、あまり摂りすぎると体調を崩す可能性もあります。いつも使用するのではなく、お肉を焼くときやサラダに使用するなど、うまく使うといいと思います。

私は福岡の西端、糸島半島の突端で作っている「またいちの塩」を使っています。きれいな海水を汲んで、立体式塩田を使い、吊るされた竹を伝って海水が流れる間に水分が蒸発し、塩分濃度を上げます。それを何度も繰り返した後に、釜で炊いて塩を作り上げる職人さんがいるんです。その塩はミネラルが豊富に含まれ、塩味がまろやかなのです。ほかには沖縄の塩や、国産の藻塩も使っています。

最近は、**だしの風味を加えた調味塩**が登場していますが、これも気をつけるべき塩のひとつかもしれません。食品添加物が多く使われている場合があります。添加物が入ると、おいしく仕上がります。摂りすぎると腸内細菌を殺菌してしまい、腸内細菌のバランスが崩れ、腸が動きにくくなり、便秘や冷え、肌荒れを起こしやすくなります。

添加物は減らすに越したことはありませんが、すべてを止めるのではなく、あくまで「減らす」を意識しましょう。あまりストイックにやりすぎるのもおすすめできません。食の楽しみを失わないように、できることからはじめてみましょう。

**【砂糖】**

白砂糖（上白糖）は、すぐにでもやめてほしい調味料です。

白砂糖の主成分はショ糖で、身体に入るとすぐに分解、吸収されて血糖値が上昇します。一方で、脳内では$\beta$-エンドルフィンが分泌して快感が得られるため、麻薬的な要素があるとして、薬物依存にも似ていると考えられているのです。

私がスイーツを習っていた先生の話です。

パティシエのお仕事をしていたときに、肌荒れや他の症状が出るようになりました。砂糖について学ぶうち、食材から砂糖の量を減らしていくと、肌荒れの症状が軽減していったと言うのです。

私も通っているオーガニック料理教室「G-veggie」で学び、食事に気をつけて家では白砂糖を使わないようにしました。すると、たまに出ていたアトピー症状がまったく出なくなったのです。

では甘味は何で調節するのか。

三温糖は白砂糖を分離したあとに糖液をさらに煮詰めて製造された物で、成分はほぼ同じ。白砂糖を摂りすぎると老化するという説もあります。

私は**てんさい糖とアガベシロップ**を使っています。てんさい（甜菜）はサトウダイコンとかビートと呼ばれ、日本ではおもに北海道で栽培されます。寒冷地で作られるので、身体を温める作用があると考えられています。反対に、黒砂糖は熱帯で栽培されるサトウキビから採れるので、身体を冷やすと言われています。

アガベシロップはテキーラの原料となるアガベ（リュウゼツラン）から採れる甘味料で、血糖値を緩やかに上昇させることが知られています。ＧＩ値（血糖上昇指数）が21と低く、砂糖の1.3倍の甘さがあるのが特徴です。

身体を冷やさないという観点から、通常の料理ではおもにてんさい糖を使っています。しかし、てんさい糖だけでは甘さが足りず、コクが出ない。煮物などで甘さがなく味気ない場合、アガベシロップを少し加えることで甘さが拮抗してコクや深みが出るんです。うまく組み合わせて使っていけば家庭での白砂糖断ちができます。

はちみつもいいのですが、マクロビオティックを実践している人のなかには、動物性食品として扱って完全に使わない方もいたり、蜂アレルギーの方もいたりして、口にしないこともあります。

また、昔ながらの麦芽水飴などもあります。ご自身で使いやすさや体質などに合わせ、選択してみるといいと思います。

**【味噌】**

オーガニック教室で実験したときのこと。

炊きたての玄米を用意して、ひとつは自家製の麦味噌のなかに入れ、もうひとつは有名メーカーの市販の味噌に入れて、２時間後の発酵具合を確認しました。すると、麦味噌は玄米が発酵しはじめるのに対し、市販の味噌はかちかちに固まっただけ。加熱処理されているか、添加物で麹菌が死滅しているんです。

では、どちらの味噌を使ったお味噌汁を飲むと腸内にいいのかということになります。

**本来の味噌の材料は大豆、麹、塩で作られています**が、販売されているお味噌の中には本来の材料以外の物が含まれています。

スーパーの味噌のコーナーではいろんな味噌が販売されています。だし入り味噌や液体味噌などさまざまです。だしが入っていたり、味噌を溶かずに簡単に使えたりする一方で、添加物や高温殺菌で麹菌が死滅しているから、変色もせず、発酵しません。常温ではなく冷やして販売されていることもあります。ここでもやはり添加物を気にかけてほしいところです。ラベルの食品表示の原材料を見て選んでほしいと思います。

こうした商品は、じつは消費者の声を反映して作られた味噌なんです。「変色するのが嫌だ」とか、「だしが入っていないと面倒くさい」とか、そういう声から作られている。

お味噌は、**発酵時間の短い白味噌なら、自宅でも簡単に作ることができます。**甘酒メーカーさえあれば、8時間ぐらいでできます。

もちろん、大豆や塩など、素材は吟味します。麹の選び方によっても味がぜんぜん違います。いまは玄米でできた玄米麹も売っているので、玄米麹と玄米で甘酒を作るととてもおいしいのでおすすめです。

白味噌は、分解するのに時間がかかる皮を取り除くので、その工程が少し面倒くさい。でも一度作ってしまえば、料理の隠し味に使えて万能です。

それからあまり知られていないと思いますが、味噌は冷凍庫で保管できます。ひとり暮らしであまり味噌を使わないという人でも、冷凍庫に入れておいて、使う分だけ取り出せば大丈夫。冷凍しても凍らないし、麹菌は死なないので覚えておくと役立つと思います。

**白味噌レシピ**

材料
大豆　200g
麹　500g

塩　40g

大豆の茹で汁　200〜400cc

（1）大豆をひと晩水に浸けておく

大豆は軽く研いで、たっぷりの水を入れた容器にひと晩浸けておきます。夏場は冷蔵庫で保存してください。

（2）水に浸けておいた大豆を取り出して皮を剥く

大豆をつまむとつるっと皮がずれるくらいになったら、ひと粒ずつ皮を剥きます。短期間で味噌を作るための大事な工程です。

（3）大豆を圧力鍋で煮る

皮を剥いた大豆を圧力鍋に入れ、豆が隠れるより少し多めの水を入れます。中火にかけ、圧力のピンが上がったら、弱火にして10分煮ます。圧力鍋がない場合は1時間程度煮ます。（※大豆が指でつぶれるくらいの柔らかさに）

（4）麹をフードプロセッサーで砕く

麹をフードプロセッサーに入れ、ざっくりと砕いておきます。フードプロセッサーがない場合は包丁で細かく刻みます。

（5）砕いた麹を塩と混ぜる

細かくなった麹をボウルに入れ、塩とよく混ぜ合わせます。ジップロックの大きな袋（未使用）を用意し、混ぜた物を入れておきます。

（6）茹で上がった大豆をつぶす

大豆が茹で上がったら、人肌ぐらいになるまで冷まします。冷めたところで煮汁は400ccほど別に分けて残しておいてください。スプーンなどを使って粒がなくなるまでつぶします。

（7）大豆と麹を混ぜる

さきほどのジップロックのなかにつぶした大豆を入れ、混ぜ合わせます。そのときに煮汁を少しずつ入れながら、耳たぶくらいの固さになるまで混ぜて、空気を抜きながらジップロックの封を締めます。

（8）発酵させる

冷暗所に置いて毎日少しずつ揉んでください。1週間後ぐらいからが食べごろです。密閉して冷蔵もしくは冷凍庫に保存すると発酵の進行を抑えられます。

※私は、ジップロックで混ぜ合わせたあと、甘酒メーカーの容器に入れ替え、発酵を早めます。55度で8時間タイマーをかけたらできあがりです。

【醤油】

**醤油も昔ながらの製法で、塩と大豆、小麦だけでできた物がいい。**醸造用アルコールやアミノ酸、砂糖、アルコール等は添加物なので、これらが入っていない物を選びます。

スーパーで販売している醤油は、大豆は国産か外国産か、遺伝子組み換え大豆を使っているかどうかは表記されているようですが、添加物を使用していない物を探すとなると、なかなか見つけにくくなります。

昔ながらの杉の木樽で作っている小豆島産の醤油が好きで、取り寄せています。小豆島には多くの醤油蔵がありますが、原材料にこだわって作っている蔵が多いのも魅力です。また、醤油樽の職人さんが少なくなったこともあり、小豆島では蔵で醤油樽を作れるようにしているところにも惹かれます。好きな醤油蔵を見つけるのも楽しみのひとつです。ぜひ探してみてください。

うちはあまり醤油の消費量は多くないので、小さいボトルしか買いません。酸化すると味が変わっていくので、**3、4カ月ぐらいで使い切る**感じでしょうか。常温で保存と書いてある物は常温で保存し、冷暗所とあったら冷蔵庫に入れます。それぞれの調味料の保存方法は書いてあるので、その保存方法で上手に調味料とつき合ってみましょう。

**【みりん】**

みりんも、選びはじめると奥が深いものがあります。

商品名を見ると、「みりん風」と表記してある物がありますが、これは本物のみりんではありません。糖化と発酵をうながすために、醸造用アルコールや水あめ、砂糖などが加えられています。**本物はもち米と米麹、米焼酎で作り、値段も日本酒ぐらいになります。**ラベルを見て原材料を確認してみてください。

私も含めオーガニック仲間がよく使っているのは、埼玉県狭山にある味の一醸造の「味の母」。これは米、米麹で日本酒のもろみを作り、食塩を加えて発酵させた料理用発酵調味料です。お酒の風味とみりんの旨味をあわせもっているのが特徴です。添加物を使っておらず、常温保存でも味が変化しないことや、本みりんと同等のコクがあるので人気です。

**【食用油】**

油選びはなかなかむずかしく、植物由来の商品から選ぶのが大切。

唐揚げ専用、揚げ油専用といった合成油やサラダ油などは、食用精製加工油脂、乳化剤、酸化防止剤など添加物が使用されています。

**菜種油やオリーブオイルが一般的ですが、私が使っているのはカメリナオイル**です。ヨーロッパの寒冷地に自生する亜麻ナズナから抽出されるオイルで、血圧を下げる効果のあるオメガ3脂肪酸が2対1対2という理想のバランスで配合されていて全部摂れたりする。しかも熱に強く、酸化しにくいのが特徴。これはすごいことで、亜麻仁油やエゴマ油は生で調理しないとオメガ3が壊れてしまうのですが、カメリナオイルは加熱調理ができ、開封後も常温保存が可能です。

もうひとつは、**サチャインチオイル（Sacha Inchi Oil）**。ペルーで「インカのピーナッツ」と呼ばれるグリーンナッツオイルです。これはオメガ3（α-リノレン酸）とビタミンE（トコフェロール）を多く含んでいるので、美容や健康にいいんです。それから熱にも強いから、生で食べてもいいし、炒める料理にも使えるという利点があります。最近こだわりのあるスーパーマーケットでも見かけるようになってきました。

最近、食用油にこだわる方が増えていると思います。自分に合った必要なオイルを選ぶのも大切なことです。


**【マヨネーズ、ケチャップ】**


マヨネーズは**平飼い卵とオイル、お酢にこだわったボトル入りの商品**をいくつか取り寄せて使っています。最近こだわりのあるスーパーマーケットでも見かけるようになってきました。冷蔵庫に入れて保存し、ボトルもあまり大きくない物を買っています。

そのボトルがなくなったときのために常備しているのが、**創健社の「有精卵マヨネーズ」**。大分県久住高原か新潟県下越地方にある自由に交配できる鶏舎で飼育された有精卵を使用。菜種油とべに花油をブレンドし、アミノ酸などの調味料は使用していません。砂糖が入っていますがてんさい糖ですね。

ケチャップにもオーガニックがあります。最近はさまざまなメーカーから出ているので、ラベルを確認して添加物がない物を選んでください。

第3章

# 人のデトックス

## 友人・知人との距離感を見極める

「人のデトックス」と言うと、ギョッとする人もいるかもしれません。不必要な人との関係をバッサリと切る。それは言うのは簡単かもしれませんが、なかなかむずかしいことです。

それでも、対人関係で悩む人はたくさんいます。実際のところ、私のカウンセリングに来る人は、人とのコミュニケーションに悩んでいる人が多いのです。

追い詰められているときは、自分が見えなくなっていることがほとんど。

仕事の部署が変わったり、子どもが進級してクラスや学校が変わったりするタイミングであれば、ふと我に返ることがあるかもしれませんが、日常のなかでは、自分でリセットする時間を意識してつくらなければなりません。

週末デトックスの時間は、自分の人間関係を見直すいい機会になります。

やってほしいことは、まず、自分の特徴を知ること。

何をもって「友人」としているのかどうか、【共有感】【距離感】【価値観】の３つの観点から、整理し直します。

友人を段階的に「枠決め」することで、自分にとって本当に必要な存在なのか、それとも距離感を保つのか、完全に関係を断ってしまうのか、その見極めができるようになるはずです。

それから、スマホのアドレスの整理にも時間を割きます。

好きでもない人からのＬＩＮＥやメールの返信に忙殺され、心が乱されてしまうくらいなら、関係そのものをやめてしまってもいいはずです。

もし、関係を断つにしても、トラブルを回避しながら、スマートに距離を置く方法はあります。

どのように対処すればフェードアウトできるのか、関係をやめることでどのような問題が生じるのか、そのときにどのようなメンタルで人と接すればいいのか。

こうしたことについてお話ししたいと思います。

# 自分を変えたいなら不要なご縁とさよなら

世の中には、悪口を言ったり、足を引っ張ったりする人がいます。幸せを願えない人、ドリーム・キラー。こういう人は人生の節目で他人を巻き込み、同じ不幸を共有しようとします。優越感を得たいタイプは、人の上位に立とうとマウンティングのような行動に出ます。反対に、陰に隠れるタイプは、自分で結論を出さず人の意見にしたがいがち。そうして失敗したときには、あなたがそう言ったからと、責任を転嫁してくることもあります。

**不要なご縁とさよならするのはとても大切なことです。**

たとえば、両手いっぱいに物を持っていると、新しい物は持てないでしょう？　**持っている物を手放すと新しい物が持てるようになる、それは人とのご縁も一緒です。**

以前、仲のいい友人がいたのですが、あることをきっかけに仲違いしてしまいました。彼女にある報告をしたとき、突然「あなたは仲間だと思っていたのに」と言われ、面食らってしまったのです。いや、怒りよりも、ちょっと笑えたんです。

「私は独身を貫くつもりで、彼氏も作らなかった。ずっと一緒だと思ったのに、約束が違う！」

私は、一生独身を貫くとか彼氏を作らないという約束をした覚えなどありません。口には出しませんでしたが、そう思っていたのです。

この人の本性は、自分と同じか自分より下と勝手に決めて人とつき合うことで心の安定を保ち、他人の幸せを聞くと怒るタイプ。「おめでとう」が言えない人なんだと思い、もちろん即友人関係は解消しました。

私のカウンセリングにいらっしゃる方のなかにも、関係を断つことが周囲から嫌われることになる、陰で悪口を言われるんじゃないか、そういう不安を持つ人が少なくありません。

ぐずぐずと関係を切らずにいても、いいことがまったくないのは本人もわかっているはず。「不要な縁とさよなら」するのはむずかしいことですが、さよならをしたからといって友人が全員いなくなるわけではありません。**むしろ、そういうタイミングにこそ自分の成長に見合う価値観の合う人が現れる。**必要なときに必要な人が現れる。

私自身が不要なご縁とさよならすることを繰り返してきているからこそ「自分を変えたいのなら、不要なご縁は自分からさよならしましょう」と自信をもって言えるのです。

ご縁をさよならするには、価値観や考え方、物の見方について、すべて自分で判断しなければならなくなります。仮にその対象が夫であっても家族でも、同棲している彼氏だとしても、家のなかで住み分けをするなど、できることがあるはずです。

離婚は最終手段と考えたとして、生活があるから、子どもがいるから、簡単に離婚できるわけじゃないとあきらめるのではなく、まずは話をしてみるべきです。自分が許せる範囲で食事を作るなどし、積極的にかかわらないようにすることもできます。

コロナの影響で一緒にいる時間が増えるからこそ、自分の心がイライラしたり傷つけられない方法を見つけなければ心が休まりません。**自分に逃げ道を作り、自分を変えていくことが、「人のデトックス」の目的**でもあります。少しずつ考えていきましょう。

## 友人とはどんな存在かを確認する

女性、男性を問わず、私には仲のいい友人が何人もいます。元職場の友人だけでなく、ひょんなことから知り合うこともあります。

たまたま行った食事会で知り合ってすごく仲がよくなったとか、習いごとで出会った人が意外と深いつき合いをしているとか、そういうことはよくあります。

友人になるかどうかは人それぞれで、一緒に飲める人、一緒に遊べる人、バカ話ができる人、恋愛の話やたわいもない話ができる人、旅行に一緒に行ける人などさまざまです。建設的な話でもなんでもないのに、なんか話していると笑える。まあ、そういう人だからこそ、まじめな話もできるし、自分の弱いところも全部さらけ出せる。私は隠しごとをあまりしませんが、ただ、「この人にはここまで」といった線引きは無意識にしているようです。嘘はつきませんが、言う言わないはある。

友人かどうかを決めるのは、自分の判断しかありません。陰口を言って気分が悪いと思うのか、その輪のなかに入りたいと思うのか、ストレスを発散したいのか。それを決めるのも自分です。

ママ友や女性同士のグループには、女性特有のマウンティングがはじまる場合がある。もちろんそんなマウンティングのないグループもあります。

友人の体験談ですが、同じ高層マンションで、高層と低層や見える景色で格差があるんだそうです。立体駐車場も、すぐ出せるところと、時間がかかるところで値段が変わる。そこで比較がはじまるのです。極端な場合は、「旦那さんの年収いくら?」って直接聞かれることもある。「関係あるの?」っていう感じですよね。

結局、その友人は、そのマンションを引き払い、マンション自体こりごりになって、一戸建てに引っ越しました。

いま現在、**友人と思っている人をすべて書き出してみましょう。そして友人のままでいたいのか、少し距離を置きたいのか、改めて、自分の本心に問いかけてみましょう。**

## 友だちを「枠決め」してみる

ひと口に友人といっても、いろいろなタイプがいます。個性を考えず、大きくひとくくりにしてしまうから、さまざまな悩みが出てくるのだと思います。

私の感覚として、**友人のなかでもいろんな「枠決め」があります。**

まず、友人になれるかどうかは大切な第一歩です。それと同時にどれだけ同じ時間、空間にいられるか、という側面で見ることもあります。

ランチの1時間すらもたない人や2時間がギリギリ限界の人もいる。時間を忘れて話し込んだり、一緒に旅行に行ったりできる人もいる。

それから、身だしなみも大事なポイント、自分にどれだけ手をかけているかも気になります。お金をかける、じゃありませんよ。おしゃれかどうかも必要ですが、清潔感があるか、品があるかというところで、無意識のうちに見ている気がします。要は価値観が似ているかどうかを判断しているのだと思います。

**どこまで一緒にすごせるかというのは「共有感」に直結する視点ですが、このほかにも、「距離感」（どこまで自己開示できるか）、「価値観」（どこまでの行動を許せるか）といった尺度もあります。**

こうした、友人の「枠決め」をしていくのが大切で、より具体的に設定していくことが必要だと思います。

また、誰になら自分の秘密をすべて打ち明けられるか。ここまでは言えるけど、ここから深くは話せないといった段階があるはずです。こうした「心の壁」についても具体的に枠決めをし、自分自身を探ってみましょう。

## 〈共有感（どこまで一緒にすごせるか）〉

「共有感」では、どれだけ同じ時間を共有できるかという視点で考えます。

私の場合、以下の5段階ぐらいに枠決めできます。

①ちょっとした顔見知りで、時間を共有することはほとんどない。
②SNSの友人でメッセージやツイートのやりとりをする。
③一緒に食事に行ける。
④お酒を飲みながら夜まで一緒にすごせる。
⑤一緒にお泊まり旅行にも行ける。

大まかに5段階ありますが、同じ人でも揺らぎがあります。

最初は顔見知りだったけど、いつの間にか大の仲よしになったり、一緒に旅行に行っていたのに、あることから顔見知り程度のつき合いになったり、なんなら縁が切れたりしていることだってあります。

食事に行っても、ランチだけで解散するとか、家庭の事情で夜一緒にごはんを食べられない友人もいます。ランチだけでは時間が足りなくて、一緒にお茶する場合もある。**お泊まりに行けるかどうかは、私にとっては一番大きな境界線**かもしれません。

旅行となると、温泉で裸をさらけ出すことになる。ひと晩一緒にいると、ぐうたらな自分を隠し通すこともできない。もし、それを気にして眠れないというなら、行かないのがいい。

生理的に許せるかどうかでは、お化粧をする／しないよりも、洗面所の使い方を気にしてしまいます。

昔、一緒に旅行に行った友人がいました。ふだんは価値観が合うし大丈夫だと思っていましたが、いざ旅行に行ってみると「あれ？」と思った。洗面所が水浸しで、落ちた髪の毛がそのままだったのです。こういうのはちょっと嫌で、二度と一緒に旅行に行くことはないなと思いました。「次の人のために拭いておこう」「汚れていると嫌だろう」と、人のことを考えられないのかなと思ってしまいました。こういう面は、ふだんは見えない部分。**泊まりとなると生活感のズレが意外と出てくる。**

ふだんの私なら、「拭いたらいいのに、そのほうがすてきだよ」と直接本人に言うのですが、そのときは言わなかった。「この人に注意したところで一緒かな」と思ってしまったのです。言う気がなくなったということです。

ちょっとしたことで、いままで思っていた友人との関係が変わるかもしれませんが、それでいいと思います。無理にその位置にいてもらう必要はありません。

## 〈距離感（どこまで自己開示できるか）〉

人には、言ってほしくないことや、触れてほしくないこと、入ってほしくない領域というものがあります。

それをどう見極めるかが、とくに女性にとっては、大切なポイントになると思います。入られたくないラインは人によって違うので、そこを見誤ると厄介なことになります。

具体的には、家庭の問題、彼氏について、お金や生活でのトラブルなどが挙げられます。

妊活していた仲のいい友人の話。

彼女は職場の同僚に対して、「この人には話せる」「この人には話せない」と線引きをしていたそうです。デリケートな話なので、相手がどのような人物かによって話せるかどうかが変わってきます。スピーカーみたいに言いふらしてしまう人、未婚の人、子どもができなかった人もいれば、「え、まだできないの」と嫌味を言ってくる人もいる。「妊活するようなお金があったんだ」と言われた、とも聞きました。本当に嫌ですよね。

精神的にもダメージを受けるし、とくに男性側の両親や親戚がゴチャゴチャ言ってくると、本当に心がすり減ってしまいます。

うまくいかない可能性だってあるので、そのうまくいかなかったことを言えるのか言えないのかでも、友人としての枠決めがまったく違ってきます。

**自分の秘密ともいえる自己開示がどこまでできるかは、友人の枠決めを設定するのに大きな要素となります。**

話せる人というのは、その話したことをいろんな感情で聞かずにフラットに受け止めてくれたり、見方を変えなかったりするのが、私は居心地がいい人だと思っています。

ただ、見極めないといけないのが、この居心地がいい人です。居心地がいい人は落とし穴でもあります。やたらと共感してくれる人、お互いの傷の舐め合いをして成長しようとしない人、または成長しようとがんばっているのを足止めさせる人もいますよね。

ダメなものはダメと、悪いところを指摘してくれるほど信頼を置いている、これも落とし穴です。「あなたのことを思って」とおせっかいのように注意したり、「やめなよ」と意見など聞かず威圧的に頭ごなしに言ってきたりするのも厄介。価値観を押しつけ、自分の言いなりにしようとしている場合があるからです。ある種、洗脳です。

まず自分とは違うことを理解したうえで、注意するのではなく、ダメだと思うことを伝えてくれるのが信頼できる人だと思います。

**〈価値観（どこまでの行動を許せるか）〉**

「価値観」。これはむずかしいかもしれません。

世間で言うまじめな価値観を持っている人に不まじめなことを言っても、きっと困惑し、なんなら怒りますよね。「信じられない」と拒否されることもあるでしょう。

反対に、自分と似たような観点を持っていれば、一般的には悪いことだとしても、「本当はダメなことだよ。でも幸せなら」と後押しすることもあります。

たとえば、人によっては不倫は受け入れられない。「絶対ダメ」とか「信じられない」と批判し、否定してくる方もいます。

推奨するわけではありませんが、絶対にダメだとも言えません。こんなことを言ったら、卒倒してしまう方も多いと思いますが、人の考え方によって、受け入れられるかどうかの基準も変わります。

**人それぞれ、価値観が違うのですから、その基準が異なることをまず受け入れてみましょ**

**う。**私が友人に期待するのは、フラットに聞いてくれて「うみさんらしいね」とか「幸せならいいんじゃない」と言ってくれるだけでいいのです。

私は、慰めや共感してもらおうと思っているわけでもないのです。ただ性格的に隠していられないだけなのです。

**価値観は、善悪の判断だけではなく、見栄や金銭感覚といったところにも表れます。**

私は偽物のブランド品を持つ人が苦手。それだったら、持たないのがいいと思うタイプ。自分の心もどんどん偽物になっていくような気がして苦手です。ノーブランドでもすてきな物はたくさんあります。自信を持って、似合っていればいいと思います。

女性は見栄を張る生き物でもありますが、そういうところで見栄を張ってほしくないのです。最終的に自分の心が疲れてくるからです。

反対に、ランチ会に参加したいという人を誘ったものの、どうも予算が問題らしく、聞いてみると上限が1000円までとのこと。楽しみにしている従来のメンバーに対し、1000円ランチを強いるわけにもいきません。我を通されても対応しがたいことはあります。

自分の価値観を知ることはとても大切なこと。自分の価値観について考えてみましょう。

## 苦手な人の原因を探る〈共有感〉

生理的に苦手な人はいろいろいるかと思いますが、自分が勝手に苦手だと思っているのか、相手はきっと私のことを嫌いなんだろうなと思うのかによって、つきあい方や接し方が変わってきます。

相手が原因のケースでは、気を遣えない、空気が読めないなどが挙げられます。

**相手のどんな部分に自分が反応してしまうのか、苦手だと思うか、原因を探ってみる必要があります。**

私の判断として、**合うだろうな／合わないだろうなの基準は、インスピレーションや第一印象、そして自分の勘**です。どちらかというと感受性が強いので、雰囲気やしぐさ、表情や言葉尻で、その方の感情がだいたいわかります。

「この人、私のこと苦手なんだろうな」と感じることもありますが、そうだとしても初対面で苦手だと思った人にも同じように挨拶し、声をかけます。むしろ、**自分が苦手な人ほど先に**

**挨拶したり、声をかけたりします。**それは、こちらが苦手と思っているということは、相手もこちらを苦手と思っている可能性が高いからです。

会話をしてみると意外とすんなり会話が弾んだり、挨拶をしてみると同じトーンで返ってきたりする場合がある。そして、すぐ打ち解けられることもあります。もちろん合わないと思って話してみて、やっぱり合わないことだってあります。その場合は、同じ距離感のままです。そういう方とは自然と疎遠になったり、会わなくなるものです。苦手で片づけるのではなく、一旦受け入れてみることが大切です。

また、これも大切なことですが、「不幸になればいい」などと悪意のある陰口も好みません。もちろん私も人間ですから「私、あの方苦手かも」「どうなの？」と言ったり、「もう耐えられないから本人に言っちゃうかも。変な感じになったらごめん」と共通の友人に話したりすることはあります。

だからといって「不幸になればいい」などの陰口を言うことはしません。他人の陰口があまりにもひどければ「本人に言えばいいのに」と、平気で言うこともあります。

そして自分からがんばってグループに所属しようと思わない。私はこういう人間ですと、わざわざ自分をアピールすることも、媚を売るのも面倒くさい。そう、面倒くさいことが嫌いなのです。

私がグループに属さないのは、いろんなグループや人と仲がいいからということもあります。だからと言って八方美人でもありません。所属しない背景には、無理して好かれようと思わない気持ちが強いからかもしれません。自分から人を拒否しているわけではありませんが、私が一番苦手なのは、我が強い人と素直に謝れない人。

「それ違うよ」と指摘した際に、「でも」「それは」と言いわけが返ってくると、さすがに違和感を感じてしまいます。「ごめんね。私の考えはこうなんだよね」と言ってもらえれば、また印象が違ってくる。

それは、こちら側にも言えること。素直に「ごめんね」が言えるようになることも大切なことです。「ごめんね」を口癖にするのではなく、悪い部分や不愉快にしてしまったら、ちゃんと謝れる。

自分の感覚に素直に向き合ってみるのも大切なことです。自分と向き合う時間をゆるっと作ってみてください。

## 波長が合わない人の特徴をつかむ〈距離感〉

自己開示をするには、一緒にいて居心地のいい友人を見つける必要もあるのですが、**私は直感をとても大切だと思っています。**

なかには理詰めで考えすぎて、直感を捨ててしまっている人もいます。自分の友人を観察していると、反面教師のように、自分の傾向が見えてきたりします。私が人と出会うのは、習いごとや職場などいろいろですが、まったく違うグループでできた友人でも、お互いに似た雰囲気をもっている。「引き寄せ」を感じるとすぐに打ち解け、個別にランチをすることもある。こうした波長も見分けているのかもしれません。

波長の違いを感じるのは、一緒に食事をしているときに如実に表れます。何度か食事に行って打ち解けているはずなのに、食事を終え、おしゃべりの途中で化粧室へ行ったときに、無意識に「はぁ～」と大きなため息をついたり、真顔で「ああ、疲れた」と声を出して言っていたり。「よし」と気合いを入れ直して笑顔で席に戻る。こういう方とは自己開示できるような関係性を結ぶことはできません。

**波長が合わない人にはいくつかの特徴があって、害があるようなら、関係を断つようにしています。**

たとえば、私の周りの人を巻き込もうとする人。私の仲間をどうにか自分と仲のいいグループに連れていこうとがんばったり、仲のいい友人に対して、なぜかマウンティングしてみたり。私のことを悪く言って、仲を引き離そうとする人もいる。そういう人との縁はさよならしてしまいます。

友人がどのように判断するかは、その友人たち次第で、私は干渉しません。選択するのは、その人それぞれであって自由です。

自分が好かれたい、いろんな人から興味を持たれたいと思うあまり、偏った情報を小出しにして仲違いさせてみたり、いい人ぶってみたりと、間違った方法を使う人も多いのです。気を遣うところが違うと思っています。

相手のことを考えて行動しているわけではない。自分が嫌われたくないことが第一優先なので、自分のためでしかない。相手のためではないから、人を不愉快にさせたり、目についたり、鼻についたりし、結局その仲間からも距離を置かれ、また新しいグループを探すしかなくなるわけです。

真の思いやりと親切とは、自分と相手が違うことを認め、それを受け入れ、相手に敬意を払うことなのです。

## 自分が許せる範囲を知る〈価値観〉

価値観というのはとても個人的なもの、一般的な倫理観とは切り離されたものでもあります。**絶対的に自分の許せる範囲と許せない範囲はある。**ここはいいけどここは嫌など、必ずあるはずです。

私がどうしても受け入れられないのはギャンブルをする人。大嫌いなので、そういう人が溜まってそうなところは回避します。

競馬場や競艇場など、ギャンブル施設周辺の赤ちょうちん的なお店も苦手かもしれません。

一杯飲み屋で常連さんがからんでくるお店もどちらかと言うと苦手。

紳士的にしゃべってくれるならいいけれど、品のない人は本当に苦手なんです。新宿ゴールデン街のBARはひとりで行けても、下町の一杯飲み屋はひとりで行く勇気はない、ちょっと行ってみたい気はするけどひとりじゃ入れない。

牛丼屋さんもあのせわしなさが苦手です。サッと食べてサッと帰らなきゃいけない。レストランやお寿司屋さんのカウンターも、何度も行って仲よくなっていれば別ですが、初対面から料理以外の話をされるのは苦手です。

人に対して許せる／許せないポイントは、と聞かれると、私が思うのは**言葉の端々から感じられる、本心が垣間見られる嫌味な表現。**

本人は嫌味を言っていないのだろうけど、人が聞くと嫌味に聞こえる。その微妙な表現が耳についてしまうのです。

無意識に発しているのでしょうが、その無意識が一番怖い。**この人は心のなかではそう思って生きているのかと、思う瞬間でもあります。**

たとえば、外出していつもより帰りが遅くなったとき。

連絡はしているものの、帰宅すると旦那さんから「なんかいつも自分だけ楽しそうでいいね。誰のお金で楽しんでるの？」と言われたとする。

男性はつい言ってしまった言葉でも「俺のお金を使っていつも家事をほったらかしにして遊んでるんじゃねーよ」という非難が隠れているように感じる。女性はこうした言葉の端々が気になることが多いと思います。そんな自分が許せる／許せない価値観を知ることも大切です。

## 「いい人」をやめると世界が広がる

世間を見ても若い世代を見ても、人に嫌われたくない人が多くいます。自分の意思よりも、周りがどう思うかを考えて、相手に合わせて話す。たしかに周囲や相手のことを考えるのは必要ですが、考える観点が違うのが問題です。「嫌われたくないから周りを考える」のは、結局自分のことを考えているだけで相手のことを考えているのではありません。**相手のことを考えるということは、こう言ったら相手はどう思うか、相手を敬い、考える**ということです。

「嫌われたくない」と自分のことを考えて言った言葉は、本心が語られていないので、違和感が生じ距離を置かれてしまうことも。嫌われたくないと思って話すことが、余計に嫌われる原因になっていることに気づいていないことが多いように思います。

私も含め、女性はわがままです、自分の意思で話していない人を嫌う傾向もあるように思います。自分の意思がありすぎて、我を通されるのも嫌だけれど、意思がなさすぎるのも嫌なものです。「何あの人、うんうん言ってるけどさあ」みたいに、本心を語っていないと思われる。

自分がお山の大将でいたい場合は、ハイハイ言う人を取り巻きとしておくといいのかもしれません。しかし、大半の人はこうした八方美人を避ける傾向があるように思います。

いい人でいるのは、周りから意見を押しつけられていたり、自分に自信がなく自己肯定感が低いことも関係しているかもしれません。自分の言葉で話さない人や自信のない人が、人から好かれたいと思ってやっていることが逆効果を生み出していることもある。自分のことが好きじゃない人が人から好かれ、友人になりたいと思ってもらえるのかということです。

私は小学校高学年のとき、プチ家出をしたことがあります。

うちはすごく厳しく、祖母や叔母から将来はこの中学に行って高校はあそこに行って○○大学行くのよと、人生のレールを敷かれているような家系でした。小さい頃からそれが当たり前と思い、すごくいい子を演じていましたが、反骨精神が強かったのも手伝って、あるとき嫌で納得できずプチ家出をしました。

潜り込んだのは友人の家。そのお母さんが看護師さんで夜勤だったのをいいことに、そして悪知恵が働く子どもでもあったので、名前を石川から石山と言い変え、親が探しにきても「石山さんが泊まりに来てます」と言ってもらうよう仕向けました。

ひと晩はやりすごしました。次の日に警察と親がやってきて、家に連れ帰られてしまいましたが。

一族勢ぞろいのなか、理由を聞かれて、私はこれまで溜まっていた気持ちを包み隠さず暴露しました。

「本当はいい子でもないし、勝手に決められたくもない。習いごともいっぱいやりたくない。親から言われるならいいけど、なんでおばちゃまやおばあちゃまから言われるのか、納得できない！」

**いい子をやめた時点で、私にはコンプレックスがなくなり解放されました。そして、自分のことが大好きになった。**プチ家出によって、素の自分が一番楽だと気づいてからは、人にどう思われようと、つねに自分で自分を認めることができるようになりました。

いい子であることをやめたことによって、逆に世界が広がったわけです。

いい子って、結局作ってるから疲れます。それに不自然なものです。

自分がいい子やいい人であろうとして疲れていませんか？　ゆっくりでいい、自分と向き合ってみましょう。

## 不要な縁と人のデトックス

ここまで、友人を判断する基準として、共有感、距離感、価値観といった側面から、自分を見つめ直してみました。

**陰口を言うなど、自分や周囲の大切な人に害悪を与える可能性のある人については、自分の意思で決別する宣言をしなければなりません。**

とはいえ、自分よりも人に対する影響力があり、しかも声の大きな人に面と向かって関係を断つことを言うのは簡単なことではありません。

私は嫌われることに対する抵抗がないので、相手に対してはっきりと言うこともあります。

「ごめん。あなたとは友だちとしてはやっていけない」

「あなたの幸せは願っているけれど、もう私からは連絡しないね」

「電話をするのはこれで最後だから、もう連絡してこないで」

どれも決別の宣言で、言葉としてはかなり強いですよね。

本当はこんなふうに言えたらと思う方もいると思いますが。大半の方は、物怖じせずに言うのはハードルが高すぎるかもしれません。

では、どうフェードアウトしていくか。

私は、はっきりと断ることのできない相手に対しては。次の方法で連絡を断っていくようにしています。

①相手からの電話やSNSには一切反応しない。
②いま手が離せないからと言ってすぐ電話を切る。LINEを終わらせる。
③時間の都合がついたら連絡すると言って連絡しない。
④友人にあの人は苦手だと言っておく。
⑤悪口を言われても無視する。気にしない。

一番消極的な方法として、①相手からの電話やSNSには一切反応しない、というやり方があります。ただ、これでは自分の意図が伝わらず、拒否している事実だけが相手にあからさまになって反感を買う可能性もあります。

スマートなやり方としては、②いま手が離せないからと言ってすぐ電話を切る。メールやLINEも「ごめん、ちょっと忙しいから落ち着いたら連絡するね」という方法もあります。「忙しいからまた連絡するね」と言って、その場では会話をしない。勘のいい人であれば、数回繰り返せば嫌われていることを察知するでしょう。それに何度も連絡してきません。相手も他に連絡する人を見つけるからです。

会話をせざるを得ない状況で次に会う約束を迫られたら、③時間の都合がついたらと言って連絡しない、もしくは、いま、予定が分からないからと3、4回同じ断り方をすれば、気づいてもらえるでしょう、また誘っても断ってくるだろうと、連絡しなくなるはずです。

引き延ばし作戦以外に、④友人にあの人は苦手だと言っておく、のも手です。ただし、頼む人を見極めなくてはいけません。同じグループのなかで信頼できる友人に伝えておくのが有効です。

「ごめん。私、あの人とちょっと距離を置きたいんだよね」

「できるだけ私を誘わないで」

「なんか、忙しいみたいだよって言っておいて」

親身になってくれる友人であれば、あなたの意図をくんで、穏便にすむような方法で手を貸してくれるはずです。

私の場合、このような断り方をして、もめる事態になったことはありません。他人のことにはそれほど踏み込んでくることはなく、ひとりいなくなったところでグループは存続するので問題ないとみなすからです。

場合によって、抜けたことに対して、自分への悪口や誹謗中傷は覚悟しておく必要もあります。この場合、⑤悪口を言われても無視する、気にしないのが一番です。逆恨みされても、毅然としていれば恐れることはありません。危害がおよんだら弁護士さんなどプロに相談しましょう。

自分で言えると思えば、そのときこそ、「あなたのそういうところが嫌だから離れたの」と、周りに聞こえるように言い返せばいいのではないでしょうか。自分を変えたいと思うのであれば、勇気を持つことも大切なことです。

## 連絡先の整理術　～アドレスは1年で削除する

私は、あまりマメじゃありませんが、インスタグラムなどでコメントを残すことはありません。情報交換や会う約束をしていてお店が決まっていないとき、お誕生日のときなどはマメに連絡をし、相手から連絡がくれば即返信します。

頻繁にLINEなどをする友人も数名いますが、自分から連絡する人は本当にまれです。

そしてここで大切なのは、数年連絡を取っていない人のアドレスや連絡先を残しておくかの問題です。

消さずにずっと残している方ももちろんいると思います。

私は**半年から1年で削除してしまいます。**半年に一度、連絡がきている人はもちろん残しますが、しょっちゅう連絡が届いていたのに、もうこなくなったなと思ったら、半年ぐらいで消してしまうこともあります。

仕事は別として、連絡を取らないのに残していても、そのうち「誰だっけ」となるんです。

誰かわからない連絡先を残しておく必要があるのでしょうか。

また、**相手が連絡してこないというのは、連絡の必要がないと思っているのですから、この先も連絡はこない**と思っています。

友人が何人必要かなどと考えることはありません。本当に必要な人の連絡先さえあれば十分だと思います。

友人が少ないことを「友だち少ない」と言ってくる人もいるかもしれませんが、自分の価値観でいいのです。

ひとりでもいいと思えば十分だし、100人いないと無理と思うのであれば100人作ればいい。もっと多くの人を友人と思いたいのであれば自分が納得できるまで作ればいいだけです。それは、その人の価値観なのですから否定をしているわけではありません。

私の場合、頻繁に連絡をとっている友人など数えてみたら15人くらいでした。

LINE連絡がこないからと登録を削除する場合もあったり、気が向けば「この連絡先、生きてる?」と一報を入れたりして、連絡がなければ削除します。

向こうが思い出した頃に連絡をくれることもありますが、そのときに本名じゃなくニックネームで送られると「誰ですか?」って聞き返すこともあります。

電話についても、私から積極的にかけることはありません。とはいえ、待ち合わせ場所がわからないときにLINE電話で話したり、至急の要件や友人からの電話には出たりします。

そういった感じなので、余計に連絡先が必要ないと思えばきれいに整理してしまいます。

連絡先を整理するところから、そのご縁が必要なのかを考えてみるのもいいきっかけになると思います。一度自分のＬＩＮＥや連絡先やＳＮＳなどを見返してみましょう。

## ひとりになれる時間をつくる

私の友人で、ひとり暮らしをしている女性がいます。彼女はコンビニに行くと、ふたり分のお弁当を買って帰ると言うんです。それは、ひとりだと思われたくないから。

女性特有の感性かもしれませんが、「この人ひとりでコンビニの弁当を食べるのか」と思われたくないという見栄がある。スーパーでいっぱい買い込んだときには、家族分です、主人がいます、彼氏がいますという雰囲気を醸し出してレジに並ぶ。ファストフードでも、テイクアウトにしてふたり分を買う。

防犯上の理由としては理解できますが、そこにはひとりで寂しい人だと思われたくない気持ちが大きく作用しているようです。グループのなかにいないと不安を感じる、ひとりでいるのを見られるのが嫌、そう思っているのかもしれません。

女性でもひとりで飲みに行ける女性と、ひとりでの飲食が絶対にできない女性に分かれます。**これは強さというよりも、ひとりの気楽さと楽しみを知っているかどうか**だと思います。

ひとりの時間が大切だということを知っているかどうか、息抜きの場がどれだけ大切なのかを知っているかどうか。自分をリセットするためにも、ひとりの時間を大切にしてほしいと思います。

たとえば家族や夫婦といえども、やはり距離感は必要。できれば家のなかにひとりになれる場所があるといい。もし、そのような場所が確保できないのであれば、自分ひとりになれる時間をもらうことが大切です。好きな美容室に通うのでもいいし、そのあとひとりでランチに行ってもいい。数時間でもいいから、ひとりの時間を作る。

私はふだんから、ひとりでランチに行ったり、ひとりでBARに行ったりすることもあります。横浜のラグジュアリーなホテルに泊まりに行ってみたり、京都へふらっと行ってみたりと、ひとりの時間を満喫です。

ひとりの時間の楽しみと心のリフレッシュのために、ひとりの時間を覚えてみてください。

# 自分の物差しで、他人を測らない

幼い頃、私は厄介な生徒でした。先生にむずかしい質問をする、クールでおとなびたいいお子さまでした。

「もっとふつうにしなさい」と言われると、「ふつうってなんですか？」と質問をする。だって「ふつう」がわからないから。そうすると先生は困って「ふつうはふつうよ」と言うか、黙り込んでしまう。この「ふつう」というのが何を意味するのかがよくわからなかったのです。いまもわかりません。誰の基準をふつうとしているのか、世間のふつうと言われてもピンときません。

興味を持つとやらずにはいられない性格。よく言えば好奇心旺盛です。でもね、おもしろそうなことはたいてい悪いことだったりするでしょう？

私の性格をわかりきっている母は、「この人が興味もったことをやらないわけがない」と思っていたようで、あるとき「あなたね、わかってると思うけど、それ悪いことだよ、知りたいと思うとすぐやる」と言われていました。

そのときに、よく言われた言葉があります。

「あなたのふつうと私のふつうは違う。私のふつうは押しつけないけど、**あなたのふつうは一般的なふつうじゃないよ。みんなが同じと思わないように**」

「**人の物差しはそれぞれ違うんだから、自分と同じと思わないこと、自分の物差しで人を測って比べないこと**」

私も私のことを勝手に判断されるのが嫌ですが、その勝手な判断を人に対してもしない。それを子どもの頃に教えられたことが、私の考えの根底にあるのだと思います。人を見て、勝手な判断でこういう人だと決めつけない。

それは男性に対してもこうあってほしいという勝手な理想を押しつけてはいけません。

私だけの話をいっぱい聞いてくれると思ったのに。

わがままを聞いてくれると思ったのに。

ちやほやしてくれると思っていたのに。

男性からやさしくしてもらえる、それが当然と思ってはいけません。

そうしてほしいなら、そうしてもらえるように女性も魅力的になる努力をしなくてはいけません。やってもらうのは当たり前ではないのです。

男性に対して勝手な幻想を抱くのは、その人を見ていないような気がします。自分が思っていない返答をしてきた瞬間に冷めたり、一気に怒りに変わったりする女性がいますよね。それが勝手な押しつけということです。

人のデトックスは、**嫌いなものを整理していくというスタンスではあるけれど、拒絶するものではありません。**

まずは、一度すべてを受け入れてみる。何が必要で、何が必要でないかは自分で判断していくことがとても大切です。

最初から拒むことは簡単ですが、とてももったいない。スポンジのように全部吸収し、そのなかで自分のほしいものを取り入れればいい。

人の考え方や答え方にはいろいろあるし、ひとつではありません。よしとするかどうかは自分で決めればいいだけであって、知らないのにそれはダメだと決めつけるのはもったいない。いろいろと知ったうえで、自分の考えや答えを導きだせればいいだけのこと。むずかしいと思いますが、少しずつ受け入れることを身につけてみましょう。

## イエス／ノーをはっきりと相手に伝える

ふたつの選択肢を与えたとき、どちらでもいいと答える人がいます。ならばと片方を選択すると、「えー、でも」と声を上げる。そして選択しなかった「もう片方でいいよ」と言うと、「うーん」と悩む。

自分では反対を選びたいと思っているのに、意見を表明しない。それは自分が選択して失敗したら私が悪くなる、といった気持ちがあるからかもしれません。本当に迷っていたら最初の「えー、でも」と答えはしません。

**自分のなかではイエスかノーか決まっているのに、その考えを言わない。**こうした人が増えているように思います。同調意識が強く、声を上げて主張して嫌われるのが怖いのかもしれません。そして、空気を読んで、自分は周囲に合わせていると思い込んでいるのだと思います。

空気を読んではいます。自分が悪者になったり嫌われたりしたくないから。それは自分の考えを表明するのを回避しているだけで、他者のことを配慮しているわけではないということを知ることが大切です。

最近の幼稚園などの学芸会で起こっていることですが【何人ものシンデレラ】が存在するのをご存知ですか？　本来ならシンデレラ役はひとりのはずなのに、親御さんのクレームを回避しようと、園側が苦肉の策で編み出した方法です。

親御さんにとっては複数で声を上げればどうにかなる、言ったもの勝ちの状態ですが、もし同じ意見がひとりしかいなかったら声を上げていないはずです。

演じたお子さんのことを考えてみましょう。

いくつかの役柄を複数の園児が同時に演じることで、人より目立ったり抜きん出たりすることが許されないことを、幼少期に植えつけられます。イエス／ノーを決められず、声に出す勇気と自信もなくす。

これはとても悲しいことです。自己肯定感が低くなるからです。

自分の意思をはっきりと伝えれば、少なくとも自分の気持ちはすっきりします。そして、**自分の存在を認め、自分を好きになることにつながっていく。**自分はこう思うと言える。それは自信につながっていくのです。

もちろん、なんでもかんでも白黒つけた答えを出せというのではありません。グレーの答えが必要な場面も多くあります。ただし、イエスかノーの答えを出さなければいけない場面で、グレーの答えを出すのはやめるのがいい。勇気を出してイエスかノーを答えてみましょう。

## たとえ親でも他人と思う

私と母の関係は少し変わっていて、実家に帰ると、死についての話もきちんとします。私が死んだらお墓はここに決めてあるとか、ここにすべての物を用意してあるとか、これは準備してあるからちゃんと実行してとかを話しています。

大半の家庭は死の準備の話をすると「私が死ぬのを待ってるのね」と反発する親もいるかもしれません。先延ばしにする親子が多いなか、死を話せる親子関係というのはとても大切なことだと思います。

母は単身で福岡に住んでいます。私は年に一度、長期で里帰りします。

通常は年末年始に帰省すると思うのですが、お正月は彼女は友人と好きなところに旅行に行ったり日の出ウォークをしたりするので、母の誕生日月に合わせ、10日間〜2週間ぐらい長く滞在するようにします。

帰った時のお約束として、お出かけも食事もすべての費用は私が出す。家事はすべて母親に頼ります。母のテリトリーを侵すことはしません。お客さま状態です。それでいいんだと思います。

独立心旺盛で、ひとり暮らしをすごく上手に楽しんでいる。とてもすてきな人で、私の最も尊敬する人でもありますが、同居するのとは話が違います。離れているからお互いを尊重し、尊敬できるのだと思います。もし一緒に生活していたら、うちの親子関係は破綻してしまうでしょう。年に一度、10日間〜2週間を共に過ごすからいいのです。

我が強いのではなく、お互いが自立し、同じ生活ができないのです。生活のスタイルも、サイクルも、趣味も違う。時間帯も無理やり合わせなきゃいけなくなります。親子だから合わせて当然と考えるとおかしくなってくる。**我慢強さではなく、それぞれの個として独立している**ということです。

親だから、子どもだからわかってくれるだろうじゃなく、**たとえ親子であっても他人と考え**

**る。**同じ人間じゃない以上、他人です。親だからわかってくれるはず、子どもだから私のことをすべて受け入れてくれるはず。そうした思い込みはお互いのためになりません。

わかってくれるという期待値が大きくなればなるほど、どうしても減点方式にならざるを得ません。言わなくてもわかるでしょう、やってくれて当たり前、なぜできていないのか、とケンカや言い合いが増えていきます。

親との縁を切ることは簡単にはできませんが、距離感を作ることはできます。離れて暮らすことからはじまり、もし、同じ家に住むのなら、家事を分けていく。もちろん分ける時には話をすることが大切です。

ごはんを作ってもらうのをやめて自分でもつくる。作ってもらうのであれば文句を言わず「今日もありがとう。おいしかった。ごちそうさまでした。明日も楽しみ」と言う。ごちそうさまだけではなく、お礼を言わないから、「家政婦じゃない」と心が荒んでくるのです。

介護でも、なぜ自分が全部やろうとしてつぶれるのか。人の手を借りてもいいはずで、甘えてもいいし、弱音を言っていいんです。ここまではできるけど、これ以上はむずかしいというのであれば、ヘルパーさんに頼むのも選択肢でしょう。

そして、親の介護だから、責任をもって無償で全部自分がやらなくちゃという考えは捨ててしまいましょう。

これ、私の家族の話です。祖母もひとり暮らしをしていました。かなり高齢になったときに施設に入りましたが、洗濯物や面会を頻繁にしてほしいという施設でした。施設だけに任せっきりにならないよう、祖母と親族の関係が切れないためのことだったと思います。

母には姉もいましたが、そのお姉さんは「私は無理」と断り、母がやることになったのです。母は仕事もしていて大変なのにです。

そこで私が提案。「おばちゃまにも言って、おばあちゃまからお給料もらったら?」。冷たいと思うかもしれませんが、そうではありません。お仕事と思って割り切らないとやってられないのが家族の介護です。

もしおばちゃまが反対したら「じゃあ、お姉さんがやってって言ってみて」と言っておきました。もちろん、やりたくない伯母は、即いい返事をくれました。母もお給料が発生するからと、割り切ってお手伝いをしていました。

実際に無償でやるからむずかしくなるのです。親だから子だからという気持ちは捨ててしまいましょう。

## 夫や妻の実家ではお客さまに徹する

友人を見ていると、親戚づきあいで密な家庭もありますが、そうした人ほど疲れている印象があります。

**配偶者の実家とのつきあいは大切ですが、無理に密な関係を結ぶ必要はない**と思います。適度な距離を保つことが大切です。

夫の実家に誘われても嫌なら行かなければいい。何を言われてもいいと思います。好かれようとしなくてもいいと思います。いい顔をしようとするから疲れ、余計に相手も警戒してくる。行きたくなかったら行かなければいい。

旦那さまの顔がつぶれるとか、一緒に来いよと言われたら「たまの時間なんだから、ひとりで行ってお母さんに息子孝行してきて」「ひとりで行っておいで。私はお留守番しているよ」。私ならそう言います。もちろん、法事や大事な行事などに呼ばれたら行くべきですが。

実家を訪れても、たとえ台所に入ったとしても何もしません。そばに座って話はしますが、自らしゃしゃり出て「お手伝いします」なんてことは一切言わない。気になる料理などがあれば「作り方を教えてほしい」と言えばいいし、「手伝って」と言われたときに手伝えばいいだけです。

**台所は家庭を取り仕切る人のテリトリーだから、テリトリーを勝手に侵すと絶対的に嫌がられます。**「うみ、これ飲む?」と言われたら喜んで飲む。「うみ、これやって」と言われたらそのときはじめて動く。

お客さまスタンスでいると、意外と向こうも「そうよね」と理解してくれて、うまく関係を築けます。

「お客さんなんだから、やらなくてもいいわ、座ってて」と言われたら素直に「ありがとうございます」と言ってニコニコと甘えましょう。いい嫁アピールで我を通し、手を出すからイラッとされる。

そして呼び方にも気をつけるべきです。お義母さまと呼ばれるのが好きな人に対してはいいんです。でも内心嫌だと思っている場合がある。お母さんでもないのに、お母さんって言ったらそれはイラッとします。「あなたのお母さんじゃない」と思っていることも多くあるように思います。

私は、母だけでなくお義母さんも他人だと思うので、母のこともハハやママちゃんやママちゃまなど、あだ名のように呼ぶようにしています。意外とそれでうまくいくものです。私の友人は義理のお母さまのことを下の名前で呼んで、お客さん状態を貫いています。やはり関係は良好です。

無理に家族になろうだとか、家族だからと思う前に、他人であることを理解し、受け入れることが大切なのだと思います。

## 嫌いな人や、嫌なことを言うときこそニコニコして話す

自分が疲れない距離感が取れず、この人となんか合わないなと思うことってありますよね。合わないと思っていいんです。無理に合わせようとする必要はない。連絡がきたらうまく断ればいいだけであって。

その日ちょっと予定があるとか、時間があれば連絡するよと言って、交わらない。どうしても行かなきゃならないときには、申しわけないけど別の友人を巻き込み連れていく。

適度な距離間を保てるのであれば、私はあまり仲がよくない人でもSNSの連絡先を交換したりします。だからといって、ふたりきりで会ったり、自分から連絡したりはしません。誘われても、「スケジュールが埋まってて、ごめんね」と言えば、それ以上は突っ込んでこない。習いごとならば、「次の教室でね」と挨拶して、教室でしか会わないようにする。

初対面の人と面識ができると、その場でグループLINEに加入させられることがあります。それほど仲がいい人たちではなかった場合、私はこんなふうに対応しています。

グループLINEでは、投稿の通知をミュートにします。連絡が気になるのであれば、スタンプだけ返すといいでしょう。投稿の文章は残さない。文字を書くからおかしなことになるんです。投稿するなら「なるほど」など、当たり障りのない言葉にします。既読になれば見ているんだと相手も納得してくれるはずです。「おはよう」みたいな差し障りのない挨拶は入れても、基本はスルーで、スタンプを送ったり挨拶を返したりはしません。

118ページの「不要な縁と人のデトックス」で触れたように、「今日一日忙しいんだよね」というのが、私がよくやる戦法です。本当に忙しいときもありますが「ちょっとごめん、忙しいから返事もできないや」と言っておく。

早ければこの段階でいつも忙しい人と認識されるか、連絡する必要がない人になり、グループから外されます。それが嫌だから、みんな必死になって返事をするんだと思います。

お子さんが関わるグループだと、そこから逃げにくいというのもあるかもしれません。ただ、そこで発想を変えて、ほどよい距離感を自分で作ってしまうのです。ランチやお茶に誘われたら、いまであれば「コロナだからね」と何か別のせいにするのです。「試験だからね」とか「実家の用事で」とか、理由はいくつも思い浮かぶでしょう。

よくないのが、子どもがいじめられるのではと、びくびくすることです。弱さが表面に出ると、その対象になりかねません。過剰に接しているから、やらなくなったときの反動が大きくなって目につく。子どもに「これからは、あの子と遊ばないで」と言ってしまう可能性が出てくる。過剰に接するのではなく、誰に対しても堂々とフラットに接してみましょう。

最低限、人として何をすべきかというと、**誰に対しても挨拶だけはきちんとする**ということ。たとえ、嫌いな相手でもです。フラットに振る舞うというのはそういうことです。そこをやらないからおかしなことになる。

ニコニコしながら挨拶していれば、相手は嫌な気はしません。無視するのは絶対にダメなんです。私は**嫌いな人ほど、ニコニコして挨拶するようにしています。**相手にとって耳が痛い、嫌なことを言うときも、厳しいことを言うときも、ニコニコして話す。

「私、それ苦手なんだよね」って言うときも、たぶん笑っているはずです。そうすると相手は嫌な気にならないものです。

ニコニコしていれば、言葉は伝わるけれど、感情はあまり伝わらない。自分の心のなかの悪意というか、黒い部分は伝わりにくいのです。

## 「ありがとう」は人を動かすスーパーワード

夫婦や家族や同棲生活で、まったくありがとうを言わない人っているでしょう？　ごはんを作っても、お洗濯しても、家事をやるのが当たり前だと思っている方。

カウンセリングをしていると、そんなふうに最近彼が冷たくなってきたという相談を受けることがあります。

つき合いはじめや新婚当初のラブラブ期間は何をしてもほめてくれ、「ありがとう」と相手も言ってくれるんですが、少し時間が経過してくると「ああ、この人、前は優しかったのに」とか「前はあれをしてくれたのに、買ってくれたのに」って言いがち。彼や旦那さん、家族に対し、勝手に過度な期待をしてはいけません。

目を向けるべきは相手の行動ではなく、してもらえなくなった理由はどこにあるのかということです。

男性が優しくしたり甘えさせてくれたりするのを当たり前と思っていませんか。

家事をするのが当たり前と思われていることを非難する前に、何に対して不満があるのかを自分に問いかけてみましょう。

まずは、自分の行動も見直してみましょう。

手を抜いていませんか？　馴れ合ってくると、髪の毛がボサボサの状態で接したりする傾向があります。それをやってしまうと女として見られませんよね。恥じらいがなくなり、そして、気配りや配慮ができなくなる。

旦那さんや彼がアクションを起こしてくれても、「ありがとう」を言わなかったり、自分の言うことばかり聞いてもらってお返しをしなかったり。

関係が冷めはじめるキッカケと原因は、日常のさりげないことに対する感謝の気持ちや自分の思いを、相手に伝える機会が減っていることにあるように思います。

優しくしてくれて当たり前、甘えさせてくれて当たり前と思わなければ、相手に対する感謝の気持ちが芽生えてくるはずです。

私は**ふだんから、誰に対しても感謝の気持ちを伝えるようにしています。**

すぐ「ありがとう」とか「助かる」と言います。

それは、些細なことかもしれませんが、ありがとうは気持ちの表明です。

やってもらって当たり前とは思っていないので、本当に感謝していますし、「ありがとう」や「助かる」と言われたほうも嫌な気分になることはありません。

感謝する気持ち、「ありがとう」を言える人になりましょう。

第4章

# 心のデトックス

## 自分の心にある〝壁〟を取り払う

第1章から第3章にかけて、物、食、人と、自分を取り巻く物をデトックスしてきました。この章では、いよいよ自分自身と向き合います。

これが最大の難関。

なぜなら、自分自身を直視することになるから。

不満の原因には、必ず自身の「心の癖」がかかわっています。

「人のデトックス」で週末にすべきことは、自分に向き合い、「心の癖」を探ることからはじまります。

見つけた「心の癖」を前にして、反省したり、直すよう心がけたりすればいいのではありません。「心の癖」も丸ごと自分自身であると認めて、受け入れるのです。

短所は長所と表裏一体。短所と思えることでも、視点を変えれば長所に変わります。

そして、自身の嫌いな部分を受け入れ、そんな自分でも愛おしいと思うことが「心のデトックス」につながっていきます。

人はあまりにも、こうしなければならない、こうあらねばならないということに囚われすぎています。

「ふつうにしなさい」「ふつうはこんなことをしない」

この「ふつう」という言葉にしても、基準はみな同じではありません。

人によってまったくとらえ方は異なり、私の常識は、他者の非常識かもしれないのです。

これらはすべて「真実」ではなく、目の前で起きている「事実」に対する「自分のとらえ方」の問題です。視点やとらえ方を変えることで、世の中ががらりと変わって見えることがあるのです。

人の言葉に耳を傾け、先入観を持たずに素直に受け止めると、自分の成長につながり、新たなステージが広がっていきます。

人の言葉や自分の思いに囚われず、いかにフラットな自分でいられるか。

そのときはじめて、自分自身が、自分の人生の主役になれるのです。

## 「心の癖」が自分を支配している

ある憶測が不安を呼んで、疑心暗鬼になる人がいます。

「好きな人から最近連絡がこない、私のことどう思ってるのかな」

「連絡がこないっていうことは、いま別の人と会ったりしてるのかな」

「やっぱり私がこんな女だから、嫌われたのかな」

このように、いらぬ心配がさらなるマイナス要素を引き寄せ、悪循環に陥ってしまいがちなのです。

コンプレックスが強くなったり不安が増したりすると、生きづらくなっていきます。つい他人と比べてしまい、自分を好きになれなくなる。バランスが崩れてしまう。

それを改善するためには、心を軽く、身軽にしていく必要があります。

これは簡単なようで、じつは一番むずかしいこと。シンプルに考えればいいと、簡単に思えますが、人間は年齢を重ねて経験が増えるごとにややこしく考えがち。コンプレックスを増やしていく気がします。

**事実の受け取り方にしろ、見方にしろ、「心の癖」がその人を支配しています。**この「心の癖」をどのように認め、プラスに変えていくか。「心の癖」をなくすというよりも、自分で理解し、受け入れ、対処法を知れば、答えが出てすっきりするはずです。削ぎ落としていくことで身軽になり、モヤモヤ感がなくなってくるから、楽に生きられるようになります。

## 自分自身と向き合い不満の原因を探る

「心のデトックス」の大前提として、**まずは自分自身の嫌いな部分を探る**作業をする必要があります。何がコンプレックスなのかがわからないと、デトックスを対処しようがありません。そのためにも自分自身と向き合わなければならないのです。

やみくもに自分を嫌っていても、どこが嫌いなのかを言えなければ、解決しません。成長できず、足踏みしてしまう。自分の嫌いな部分を克服していくのか、それとも短所を長所に、チャームポイントとしてとらえ直すのかによって、デトックスの対処法がまったく違ってくるのです。

具体的には、**自分の嫌いなところを書き出していきます。その書き出した項目がコンプレックスにつながっているはず。**

人に言われてイラっとしたり、怒りに変わった部分が、自分の心の根っこにあるコンプレックスです。そこに触れられると痛みが生じます。言われて嫌なことを考えると、思い当たるかもしれません。

不満の原因には、以下に挙げるように、いくつかのパターンの「心の癖」があります。この「心の癖」を克服することが、デトックスの目的なのです。

**【心の癖 1】 不平不満を口にする**

「どうせ自分は」「きれいじゃないし」「私はお金がないからおしゃれができない」「太ってるからモテない」などなど、何かにつけ言いわけをする人がいます。**何も努力をしていないのに、不平不満ばかりを物申す。**

「髪の毛きれいにしてみたら？」「お肌のお手入れしてみたらいいんじゃない？」「日本食を

うまく取り入れてダイエットしてみたら?」と言っても、口をついて出るのは「でも」「どうせ」と不満ばかり。

こういう人は、ネガティブな気持ちが増幅してしまい、何ごとも悪い方向に考えがち。自分の思い込みとコンプレックスで行動を制限してしまう。ネガティブな話が多く、不幸でいる自分が大好きなのかしら、と思って話を聞いています。不幸な自分が好きなら仕方ない、そのまま秘めていればいいと思います。ただし、不平不満は周囲を巻き込んでしまうので、人前で言うのはやめましょう。

**【心の癖 2】 他者と自分を比べる**

他者と自分を比較してしまうのは、親や周りのおとなの影響が強いのかもしれません。**他人と比べて自分の幸福度や存在意義や位置づけを測る**人がいます。

そもそもの原因は、親が人との比較で評価してきたことにあると思います。兄弟と比べたり、クラスの成績が何番だったとか、どこそこの誰とかちゃんと比較されたりして、そういう状況がずうっと続いている。

私はひとりっ子で、比べられる経験はしていないものの、兄弟と比べられるのが当たり前だと、人と自分を比べる傾向が大きく残るように思います。

いきなり人と比べるなといっても、いままでやってきたことですし、むずかしいと思います。人と比べて安心するなとは言いませんが、人を見下すような態度をとるのだけはやめるべきでしょう。

人と比べることほど不幸なことはありません。**そもそも自分とは別の人間なのですから、その個性は比べようもないのです。**自分は自分、人は人と思える強さを身につけることも大切なことです。

**【心の癖３】　人のせいにする**

すべてとは言いませんが、**自己肯定感が低い人は誰かのせいにする傾向が強い**ように思います。一方で、ほめてほしいし、人から好きになってもらいたいと強く思っている。

外にアクションを起こさないまま内に籠り、攻撃性が自分に向かうと、自傷行為につながることもあります。社会や特定の人に向かうと、極端な場合、犯罪という方向に進んでしまう可能性を秘めているように思います。

これは**自分のコンプレックス、嫌いな部分を、自分自身で受け入れる**ことなしには改善しません。むずかしく大変なことですが、自分と向き合うことがまず第一歩。自分が出した答えの不平不満は、きっと人との比較から生じているものだと思います。

たとえば、旦那さんの悪口ばかり言う人がいる。「うちの旦那は稼ぎが少ない」、「子どもの面倒を見ない」、「家事の手伝いもしない」と言う。でもそれは、無意識に他人と比べているからなのです。

ＤＶなどなく安心して生活ができて、ごはんを食べられて、ちゃんと子どもを育てられる環境があるのは幸せなことです。「他の家では海外旅行に行っている」とか、「私も○○さんみたいに週末は遊びに行きたい」など、比べることによって不満が出てくる。

人と比べるのではなく、自分がしてほしいことを伝えてみましょう。ケンカ腰やヒステリックにではなく、お願いしてみましょう。それでもダメなら主婦としてのお給料をもらったり、お小遣いをもらえたりするように交渉してみましょう。対価がもらえるので、不満も起こりづらくなります。

それでも理解してもらえないなら、そのときは第三者に相談して、いい案を授けてもらいましょう。違う見方や答えが必ず見えてくるはずです。

このときのポイントは、悪口大会になる友人やネガティブな人に聞くのではなく、ポジティブでいつも幸せそうな人に相談することです。

**【心の癖４】 他人の言動に左右される**

とくに女性に見られる傾向かもしれませんが、**ひとり悪者を置くことによってみんな納得し、結束力が出たりする**ところがあります。集団心理みたいなことが、小さなコミュニティですごく働くように思います。

グループのなかで声の大きな人が「○○ちゃんはこうだよね」と言うと、その人に同調してしまう。それと同じことは、グループが変わっても生じます。自分が上の立場になったとしても、標的にならないかどうかばかりを気にする。自己嫌悪に陥ることもあります、自分からその思考回路を断ち、考え方を変えないと、ずうっと繰り返すことになります。

他人の評価で動くのではなく、自分の基準で判断できるようになる。**自分自身に自信がないと、他人に対して毅然とした態度でいることができない。**まずは、自分を好きになることからはじめるしかありません。

**【心の癖５】 完璧を追い求める**

これは私の体験に基づいているのですが、**理想を追い求めすぎると、マイナス面しか見えてこなくなる**ことがあります。こうあるべきだという理想の形が先にあって、どうしてもそこに合わせていこうとする。完璧を求めるがゆえに、本当の自分を押し殺さなければいけなくなる。そして、完璧さを求めるがゆえに、自分に厳しく、人にも厳しくなる。

幼少の頃、親や祖母や親戚が求める理想のいい子がいて、私は疑問も抱かず、ほめられることがうれしくて、いい子であろうとしました。外でも家でも、誰もが認めるいい子。

しかし、成長して自我が目覚めはじめると、親戚が進路を勝手に決めることに疑問を持ち、だんだんと納得できなくなる自分がいました。それでも、自分を押し殺して行動するしかなく、本当の自分が見えなくなる。いい子に徹して、仮面をかぶっている。

最初は演技している自覚もありましたが、そのうちそれもわからなくなる。ふとしたときや、気を抜いたり疲れたりすると、「これが私だっけな？」「ピエロみたい」と自問自答が出てきたりする。続けることで本来の自分が消えてしまい、本来の自分ではない存在を演じているから、それに対するコンプレックスも生じてくる。

人からいい子だよねって言われても「私、いい子でもなんでもないけど」みたいな。表面では笑っているけれど、内心ではそれがコンプレックスというか、自分を受け入れられない嫌な部分になっていくわけです。

私の場合、反骨精神が旺盛だったことから、親や祖母、親戚に本音をぶちまけてしまいました。それからは親もひとりの「個」として扱ってくれるようになった。完璧な自分でいる必要もなくなり、家のなかでいい子を演じることもなくなりました。

おもしろいのは、いい子を演じることが私の武器になると知ったとき。おとなに好かれることを知り尽くしているから、表向き上手に、都合よくいい子になれる。そういう自分も好きになり、受け入れて認めたからこそ、できたことかもしれません。

自分の嫌いな部分をそのまま嫌い続けるから、コンプレックスと思うわけです。コンプレックスを抱えてしまうと、人とのつき合いや学校生活や仕事でうまく伝えられなかったり、物事がうまくできないことを人のせいにしてしまったりする傾向があるように思います。「言われた通りにやったのに、なんで私が悪いんですか」みたいになる。その結果、自分のことがより嫌いになり、周囲からだんだん離れてしまうことにもつながる。

そんなつらくて悲しいコンプレックスは、自分の武器として受け入れるか、さっさと捨て去ってしまいましょう。

## 【心の癖６】過去に囚われる

**コンプレックスや嫌な部分が増えていく人は、過去にばかり囚われている傾向が強い**ように思います。自分の過去。そういうところも少し、考えないといけない。ここでもやはり自分と向き合うことが必要になります。

ネガティブな過去を思い出すのも嫌でしょうが、ここは勇気を出してみましょう。

親から関心をもたれていなかった。兄弟と比べられるからおとなしくしていた。親からレールを敷かれ、失敗する機会もなく過ごしてきた。失敗することを想像してしまい、そもそも行動を起こさなかった。失敗した経験から、怖くて動けなくなった……など。

失敗を乗り越える成功体験がないままきてしまうと、自信が持てなくなり、自己肯定感が低くなってしまう。

**失敗はこれ以上ない糧であり、生きるための知恵がつく、大切なもの**です。

失敗したときのとらえ方や考え方で、ガラリと意味が変わってきます。

この経験があれば、次に同じことが起きても大丈夫。もし解決できなくても、いまは解決するときじゃないから一旦置いておこう。これもひとつの考えです。

多少失敗しても、いろんな方法で乗り越え、時間がかかっても自分で解決したらいいのです。その経験が自信となります。

親や人からほめられるだけが自己肯定感を上げるわけではありません。**自分で自分をほめて好きになる**ことこそが、一番大切なことです。

## 自分で自分を好きになる

人には必ず長所と短所があります。

長所と短所って意外と紙一重で、長所と思っていることがじつは短所だったり、短所と思っていることが長所だったりします。

コンプレックスも紙一重で、**自分が嫌いなところも見方を変えればチャームポイントになる。**

モデルの冨永愛さんは、子どもの頃に背が高かったことがコンプレックスだったわけですが、視点を変えてモデルを志したことで、パリコレのトップモデルになったわけです。

たとえば、くよくよ考える人も、それは短所かもしれないけれど、じっくり考えられるという長所になるかもしれない。

南海キャンディーズの山里亮太さんは、人見知りが短所だと思っていました。タモリさんから「芸能界は人見知りでないと売れない。人見知りは相手のことを第一に考えられて、もう一歩先の行動ができるから、みんなを楽しく豊かにできる」と言われ自信をもったと言います。

自分が短所だと思っていることでも、それは長所になる。**人の評価よりも、これも自分だよねと長所に転換できるかどうかが大切**なのです。

私は、カウンセリングの際に、「コンプレックスや、自分の嫌なところは、あなたを形成しているひとつだからね」と言います。嫌なところもあなた自身。それをコンプレックスと思うのか、ひとつの個性と思うのか。それも私よねと、まるっと受け止め、丸ごと好きになること。これほど強いことはない。

もしかしたら、人から見たら、コンプレックスでもなんでもない、すごいかわいいところだったりするかもしれません。ちょっと太っていても、ダイエットをがんばるのか、魅力的と思うのか、健康を害さなければいいんじゃないかと思うのか。要は発想の転換です。

そもそも、**自分を認めるのは自分だけで十分**なはずなんです。自分を認めることで自分を好きになれる。自分が好きじゃないのに人から好きになってもらうなんて、おこがましいのです。好きではない自分を、なぜ他人が好きになってくれると思うのか。

まずは自分のコンプレックスと向き合い、受け止め、自分で自分を好きになる。そこがスタートラインになるはずです。

## 自分の「核」をもつ

アクションを起こすときに、人にこう言われたからと、流される人がいます。あの人に嫌われたくないから指示通りに動こうとか、このグループから外れたくないから色に染まっていないといけないとか。

たとえば女性のグループやママ友をめぐる問題は、こうした同調意識が大きく関係します。自分の「軸」はぶれぶれになり、本当は思ってもいないのに、一緒になって誰かをおとしめたり、見下したりしてしまう。結果的に自分自身を演じるようになって自分が嫌いになり、「本当の私って」と悩みはじめる。

自分のなかで、どこまで譲れるのか、許せない範囲はどこなのか、そこが見えてくるはずです。**ほかのところは譲っても、ここから先は絶対に譲れない。そこが自分の「核」**なんだと思います。

その「核」を逸脱してしまうから、ストレスに感じたり、イライラしたり、心が疲れたりといった衝動が起こってくるように思います。

たとえば人の悪口は言わないとか、一緒になっていじめに加わらないとか、人と比べないとか、人と比べられても無視できるとか、そういう自分の「核」を見つける。これが一番大切なこと。

グループ内で「人の悪口を言わない」を実行するのがむずかしければ、同調することをやめ、「わかる、私も」とは言わないことからはじめてみましょう。

相手を嫌っていたとしても「嫌い」と言うのではなく、「苦手」という言葉に変えてみる。好きではないとしても「わかる、私も」とは言わずに、「そう?」に変えてみる。

その**言葉の変換がうまくできるようになったら、次にステップアップしていけばいいだけ**のこと。「私は○○なところが苦手なんだよね」や「私、別に嫌いじゃないよ」と。

その言葉のハードルが高ければ「そう？　私、どっちでもないな」というように自分の気持ちをちゃんと伝えられるようになっていけばいいのです。

少しずつでいい。本当に少しずつで大丈夫。その一歩を踏み出すか踏み出さないかで今後が変わってくると思います。

少しの勇気と自分を好きになることを目標にしてみましょう。

## 自分の本音を素直に受け入れる

私の楽しみのひとつは神社仏閣めぐり。ひとりでもよく行きますが、友人を誘って参拝に行ったりもします。

「何をお祈りしたの?」って聞かれると、私は素直にそのときどきのお詣り内容を答えてしまいます。「金運とねえ……」「欲深くお願いした」「いつもありがとうございます、かな」などなど。私は素直にそのときどきのお詣り内容を答えてしまいます。

友人はそれが意外なようで「家族の健康とかじゃないんだ?」と言われたりもする。「えっ、まあ、それは別にいいかな。まず自分だよね」。隠すことでもないし、素直な気持ちを大切にすればいいと思うんです。

意外な反応をされるのは、「金運」と人に言う人があまりおらず、きれいごとが多いからかもしれません。「世界平和を願っています」とか「みんなが幸せでありますように」など、本心でそう願っている人ももちろんいるでしょう。なかには、**人前で発表するからきれいな言葉で取り繕っているだけ**と感じることもある。「本当は違うことをお祈りしていたよね」とツッコミたくなる。取ってつけた建前を言うのではなく、自分の本音を大切にすればいい。人からどう思われてもいいんです。自分の心が一番大切なの。自分が幸せじゃないと人の幸せなんて願えないし祝えないでしょう？　人のことよりまず自分を大切にしましょう。

恋愛の願いごとでも、本心では「カッコいい人と出会えますように」「玉の輿に乗れますように」「○○さんとつき合えますように」と思っていても「いい人とご縁がありますように」「優しい人と出会えますように」っていう建前で隠してしまう。

**人前でも自分の心に素直になる癖をつけないと、自分の本心とは向き合えない。**

きれいごとでない、自分の本心はどこにあるのかを、きちんと理解しておくことが大切なのだと思います。

自分に素直になったからと言って、人の悪口を言ったり蔑んだりしていいわけではありません。それはダメです。

いや、むしろ、心で思うぐらいなら、本人の前で口に出したらいかがでしょう。「そこを変えたら、もっとすてきになるのに」と、私は友人にも言います。逆に「私が○○になってたら注意して」ともお願いをしています。

自分の本心が、自分を形成する「核」につながるので大切にしましょう。

## 生きていく指針をもつ

あなたには、尊敬している人はいますか。

いないとしたら「えっ？　いないの？」となります。誰でもいいんです。女優さん、アニメのキャラクター、幕末の志士でも歴史上の偉人を挙げる方もいます。誰でもいいの、尊敬できる人なら。

実際に私が子どもの頃に尊敬していたのは織田信長です。「泣かぬなら殺してしまえほととぎす」。もうこの言葉が衝撃的で、印象的で、大好きでした。織田信長に関する本を読んでみたり、学習漫画で織田信長を読んだり、本当にあの「待ちません」という決断力が尊敬でした。友人からは怖がられていたかもしれません。

なぜこのような問いをしたのかというと、**尊敬するものがない人は、指針をもっていない**ということなんです。

誰でもいいんです。フランス人形みたいになりたいという人もいる、それでいいの。それに向けてがんばれるし、努力しようと思うきっかけになるから。

そして、織田信長以外に、私が心から尊敬するのは母親です。それは揺るぎないものとしてあります。

母のすごいところはまじめの一言に尽きます。私とは正反対です。だからといって頭が固いわけでもなく、ユーモアのあるすてきな女性。バリバリのキャリアウーマンだったから、朝から身なりをきちんと整え、朝ごはんを作って食べさせる。なんならその日の私のおやつも作って仕事に行くのです。

会社の人や友人と飲みにも行かない。できあいの物は一切買わず、出前も取らない、夕方にはまっすぐ帰ってきて、晩ごはんを必ず手作りして食べさせる。片づけをし、宿題も見てくれる、それが毎日なの。

もちろん、しつけはすごく厳しい人でしたが、そのしつけも上手。門限を決めても帰らない私に「夕方6時までにごはんを炊いて、お味噌汁を作っておいて」とミッションを出す。怒られたくない私は、ギリギリ間に合う時間を逆算し、家に帰ってごはんを炊いてお味噌汁を作る。だから料理も覚え、門限も守らせるという、ウィットのある母なのです。

最初、そのまじめで変わりばえのしない生き方を、つまんないなと思って見ていました。「そんなもん、毎日淡々と生活して簡単なことじゃん、なんかつまんない人生だな」って、若い頃は思っていました。

大胆なことや外れることは刺激的で楽しい。でも、25、26歳だったかな、気づいたの。**外れることがいかに簡単で、まじめにコツコツと生きることが一番むずかしいか**ということに。

そこからかな、母をすごい人だと思い、尊敬するようになったのは。私には絶対にまねできないけれど、でもこの人の娘だという自覚はある。揺るぎない「核」をきちっと作ってもらっている。

母親って自分に自信をつけさせてくれる存在になる場合もある。その人を尊敬しているということは、自分を好きになれる大切な要素でもあります。

最初はむずかしいかもしれません。「そんなの無理」と初めから諦めるのではなく、尊敬する人を目標に、まねでもいいから、目標をひとつずつクリアしていけばいいのです。

## 口に出して脳のスイッチを入れる

心理学やコーチングで「アファメーション」という言葉があります。自己暗示という意味で使われていて、**なりたい自分を唱えることで自分を変えていく**という方法です。

自分にコンプレックスをもつ人も、好きになっていく部分を増やす、もしくは、嫌いだと思うところを好きだと思い込む方法として、有益なのではないかと思います。

友人にダイエットコーチがいるのですが、彼女の生徒さんで全然痩せることができない人がいました。体型を変えるきっかけとなったのが、このアファメーションです。1日50回は「私は痩せてきれいになる」と言い続けることで無駄食いをしなくなり、体重がどんどん落ちていった。成功体験につながったことで、ダイエットを継続させる強さも身についたと言います。

私も「どんどんきれいになる」「色香のある女性になる」と脳に言い聞かせていますよ。そうすると何が起きるか。いままで以上に、姿勢やお肌、服装、お化粧、他にもいろいろと気を遣えるようになっていく。身体や心は脳とは切り離せないもの、心は脳に左右される。

**口に出して宣言することで、脳にスイッチが入り、意識が向くようになっていく**のではないでしょうか。「私のこういうところがすてき」「私は自分のことが好き」と言い続けることで、自分を変えていくきっかけになる。まずは恥ずかしがらず唱えましょう。

## ほめ言葉には「ありがとう」で応える

自分ではいまいちかなと思っているのに「その服似合ってるね」や「今日の髪型すてきね」と言われることがあります。

本当にそう思ってほめてくれている場合と、日々の挨拶のなかに少しの嫌味が含まれている場合が少なからずあります。言っている本人に明確な悪意があることもあれば、無意識なときもある。日常のお天気の挨拶プラスちょっとマウンティングというところでしょうか。

相手の本心を推しはかることしかできませんが、むしろ、大切なのは、こうした言葉をどう受け止めて、次の行動にどうつなげるかは、自分次第ということです。同じ言葉でも、聞いてどのように対処するのかは、人によって変わってきます。

ネガティブなイメージでとらえる人は「絶対にそんなこと思ってないくせに」とか、「どういうこと？　嫌味を言ってるのかな」と疑心暗鬼になるでしょう。ポジティブなイメージに転換できる人は、「ありがとう」と素直な笑顔で応えることができるので、嫌なマイナス感情になることはありません。

私は発言の主が男性か女性で返答が変わります。女性の場合は「ありがとう」と素直に喜ぶ。男性の場合は「ありがとう」「ほめ上手だね、ありがとう」「お世辞でもうれしいよ、ありがとう」と答えを変えます。

周りに他の女性がいれば返事は変わりますし、いろんな場面で無意識に答えを変えているように思います。

言えるのは、ネガティブにはとらえないということ。**ほめてくれることはうれしいので、素**

**直に「ありがとう」と言います。**マウンティングされたと思うこともありますが、そんなときこそ、満面の笑みでお礼を言います。

人から言われた言葉をどうとらえるか。それは「心の癖」に起因します。自分の受け取り方の癖、考える癖、発する癖をきちんと把握してみましょう。

彼氏のほめ言葉を、額面通り素直に受け取って「ありがとう」と言えれば、彼氏も「うれしい」と思ってくれるはず。でも、頭の中でひとひねり、ふたひねりして返答に詰まっていると、幸せは逃げていってしまいます。ほめられることに慣れておらず、素直に喜べないのもわかりますが、とてももったいないことです。

**相手がどう思っているか、その本心にかかわらず、ほめられたことに対して素直に「うれしい」と受け止められるようになる**ことが大切です。

言葉をポジティブにとらえて行動できると、もっと世界は広がっていきます。ほめられて恥ずかしい気持ちも、思ってないくせにととらえるネガティブな気持ちも、とりあえず脇に置いて素直に喜んでみましょう。

# 落ち込む理由は季節のせいにする

女性の場合、ホルモンバランスや体調の変化によって、急に気弱になったり気分が落ち込んだりすることがあります。そういうときこそ、いろんなことでふだんよりも過敏になっていたりする。物事がうまくいかなかったり、人の言葉に敏感になったり、相手の態度で切なくなったり、悲しくなったり、落ち込んだりしがちです。

どのような言葉や態度で落ち込むのか、自己分析していれば心の準備ができるのですが、自分だけでは対処できないこともあります。思いがけないところで、人から傷つけられる言葉をかけられることもあるでしょう。人によっては気分が晴れないからと、相手に対して嫌味を言ったり傷つけたりする人もいます。それを回避することはなかなかむずかしいこともあります。

こんなときこそ、**私はすべて季節や天気のせいにしてしまいます。**

「いまは、梅雨の時期だから」「いまは土用の期間だから」「雨が降ってるから」と期間や季節の変わり目などのせいにする。

大切なポイントは、**自分のせいや人のせいにしてはいけない**ということ。原因を自分に置くとより気持ちが落ち込んでしまう。かといって他人のせいにするのもＮＧ。他人を悪者にすればいつかは自分に返ってくる。そもそも他者のせいでないことは、自分が一番わかっているはず。

厄年など、年のめぐりを理由に持ち出すのもおすすめできません。期間が長いことと、厄年を理由にして自分の行動を制限してしまい、厄だからと悪い方向に考えすぎてしまうから。余計に不幸を呼び込んでしまうのが難点なので、厄のせいにするのはやめましょう。

あくまで気分が落ち込んでいるのは、季節や天気のせいだと思うようにしましょう。

## 言葉のトラブルを回避する４つの対処法

夫婦や友人など、どんなに仲のいい関係でも絶対に言ってはいけない言葉があります。

たとえば**夫婦なら、相手の実家の悪口を言ってはいけない**、というのがそれに当たります。

旦那さんが親の悪口を言っているからといって、それに同調して悪く言うと、一転して機嫌が悪くなって夫婦ゲンカにまで発展します。とくに女性は感情のままにしゃべってしまい、あとで取り返しのつかないことになりがちです。

以下は心の癖からくる言葉のトラブルなのですが、もめごとを起こさないために、それらを回避する対処法があります。

まずひとつめは、**言い返さずに黙ってとりあえず聴く**、ということ。

「なんでこんな言い方をされないといけないの」と、怒りが先に立ってしまうかもしれませんが、考えもなしに「わーっ」と言い返すとケンカになります。だからまずは、グッと堪えて黙って聴く。

次が、**口を開く前にひと呼吸置く**。

怒りが沸いたときに、すぐに反論するのではなく、ひと呼吸置くのです。怒りを鎮めるアンガーマネジメントの「6秒ルール」という説もあるほどで、時間の経過が怒りを鎮めてくれる場合があります。

もし「6秒じゃおさまらない、絶対にダメだ」と思ったら、**一旦その場を離れる**というのも手です。「お話の途中ごめんね、トイレに行ってきていい？」と言ってその場を立ち去る。お互いに反論できないように、存在を消すことでケンカを回避。気持ちを落ち着かせる方法として大切です。

三つめが、**相手に問い返してみる、**ということです。「なんでそう思ったの？」とか「どうしてこういうこと言うのかな？」と、質問してみるんです。人は言われた言葉を感情で返しがちです。論理的に理由を問われると、ハッと冷静に戻ることがあります。

**言い争いのときに、一番やっていけないのは、言い訳をすること。**弁明を言ったところで反論が返ってくるだけで、逆に相手をイラ立たせます。そんなときこそ、相手に理由を問いかけると、怒りが収まっていきます。こうした心の落ち着きが必要です。

そして四つめが、**仲直りの暗黙のルールを決めておく**こと。

私の場合、自分が悪ければ素直に「ごめんね」と伝える。相手の言動でケンカをしたときは、言われて嫌な部分や悲しくなった自分の気持ちをちゃんと言葉で伝える。そしていつまでもズルズル気持ちを引きずらないことを、決まりごとにしています。

「おいしい物を食べに行かない？」と言われたら、そこで手打ちにする。自分から「これをおごってくれたら許す」「食べに連れて行ってくれたら機嫌直す」と言って切り替える。私はおいしい物が大好きなので、これが仲直りの暗黙のルールになっている。

友人とケンカしたときも同様です。私が悪ければ「ごめんね」を言う。そして「仲直りでいい？」と相手に聞く。また相手の言葉で傷ついたときは「そんなことは言わないでほしい」とか、「なんか傷ついた、ごめんねは？」と冗談っぽく切り出すこともあります。

こんなふうに、感情的になったときの対処法をいくつか身につけておいて、冷静になる工夫をすることが大切だと思います。

## 相手の悪い部分も一旦受け入れてみる

会社員時代、上司の愚痴ばかり言う人と働いたことがあります。

なんにつけても愚痴。雑用を押しつけてくるとか、頼み方が気に入らないとか、とにかく文句が多い。少し考えてみれば、それなりの実績があるからこそ、役員職のポジションにいられるのであって、「尊敬できるところもいっぱいあるのになあ」と、はたから眺めていました。

たしかに、なかにはまったくお仕事ができない役員もいます。そんな役員はまず、雑用など押しつけてきません。仕事していないのでウロウロしているか、寝ている。仕事内容もわかっていないので、部下が失敗しても失敗の責任は取らず、グチグチ文句を言ってくるだけです。仕事の雑用を押しつけてくるということは、その役員はお仕事をしているということです。

マイナスの部分にしか目がいかない人は、自分に都合が悪かったり、ひとつ嫌いになったりすると全部嫌いになりがちです。

本当は、バロメータじゃないけれど、許容できる範囲ってあるはずなんです。その器から水があふれるまでは、許容の範囲内で対応すればいいだけ。もし我慢できなければ、そのことを本人に伝えればいいだけのこと。

伝えることもせず、勝手に嫌いになって、その人の悪口や文句や愚痴を言うのは周囲の雰囲気も気分も悪くなるのでやめるべきです。自分も含め人間なんですから。性格に癖があったり、嫌になったりする部分もある。そういうところも認めましょう。

あの人のこういうところが嫌いと簡単に結論づけるのではなく、この人はこういう人だと認め、**自分に合うか合わないは別にして一旦受け入れてみる。**

人には多面的な部分があって、いいところもあるし悪いところもある。癖もあるし、いろんな見え方があります。

**ある特定の側面だけを見て好き嫌いを決めるのは、なんかもったいない。**

一度その人の他の部分も見てみましょう。それでもやっぱり合わない、生理的に無理と思えば、つき合い方を考えればいいだけのことです。ただし、その人とのつき合い方を人に強要してはいけません。

一旦受け入れることを身につけると、視野が広がり選択肢も増えます。ぜひ試してみてください。

## 減点法ではなく加点法で

私には、ホストやクラブＤＪの友人が多くいました。そのひとりがこんなことを言っていたのをいまも覚えています。

「遊びにくる女の子は、あの空間、あの薄暗いライトの下の俺を好きになっているのであって、昼間の自分を好きになるとは思えない」。それはなぜかというと「ヒゲは伸び、寝起きは寝癖もついてる。スーツも着ていないし、疲れたおっさんみたいな格好をした自分を見たところで、好きになるはずないよね」です。

女の子にとって、夜の雰囲気のカッコいい彼しか見ていない。ふだんもそうであると勝手に思い込んでいる。それが崩れたときに、女の人は醒めてしまうと。

私のところには夫婦の問題で相談にいらっしゃる方も多くいます。

好きで結婚したはずなのに「なんか気持ち悪くて仕方ありません」といった内容も多い。聞いてみると「結婚当初はいつもきちんとしていて格好よくしていたのに、いまはだらしない格好でいる」。そのことがキッカケでやることなすことが嫌で嫌で仕方ない。同じ空間にいるのも苦痛というのです。

たしかに女性は一度嫌になるとすべてが嫌になる傾向があります。

洋服を用意して着替えてもらえばいいのではと言うと、「最初は着替えてと言ったんだけど、休みの日にめんどくさいと言われてやめました」

「その時にギャーギャー言ってたりしない?」と聞くと、「怒りとイライラでキィーッてなってました」と。それはダメだよね。

旦那さんも「結婚したらかわいくなくなった」と思っているかもしれないよ。夫婦関係を改善したいのか離れるのかを決めないと、解決策は見つからないと説明しました。

つき合っているときからお互いに素の自分を見せていれば、醒めることもなくいられたのかもしれません。**表面を取り繕って、いいところだけを見せているから、素顔の自分を見せたときに醒めてしまう、**ということが大いに考えられます。

男性の前で女でいたいのか、母親として専念したいのか、女・母親の両方を手に入れたいのか。それにより心の持ちよう、やることが変わるのだと思います。

他者を評価するときに、人は減点法で見てしまいがちです。あらかじめ相手に対する期待値があって、それを満たしていないと減点してしまう。

次の章「運のデトックス」で「幸せのハードル」の話をしますが、勝手に期待値を設定するのではなく、**あらかじめハードルを下げておいて加点法にしていけばいいん**です。

ひとつでもいいところがあれば、その人のプラスの評価に加えていく。そうすると人のいいところを見つけやすくなります。欠点ばかりを見る人は、どうしても批判を口にしがちです。

人のいいところを見つけられないと、結局自分のいいところも見つけられなかったりする。

これは心のデトックスの、あらゆるところにつながっていきます。

## 自分を導いてくれる人を見つける

職場で男性を観察していると、自分のプランや夢を語っているシーンを見かけることがあります。

男性同士だとこんなふうに夢を語ったりするんだなあ、と思いつつ、女性はどうなんだろうと、ふと考える。

女性には、本音を話せたり、腹を割ってしゃべれたりする友人はそれほど多くはなく、夢を語るとなると、なおさらひと握りになるような気がします。

**女性は話すことによって、自分の考えを整理します。**人に言うことによって、自分の頭の中をまとめていく。

心のデトックスで、頭の整理をするときに、自分をいい方向に導いてくれるメンターのような存在はとても重要です。こうした人が身の周りにいると、自分をよりいい方向へもっていくことができます。

心のデトックスでなぜ人が重要なのかということですが、**話すことで安心して考えをまとめられれば、前を向いてがんばろうと思える**ようになる。

もし、相談するときに、足を引っ張る人を選んでしまうと最悪です。「やめなよー、そんなのうまくいくわけないじゃん」って言う人が、本当にいるんです。こういう人に相談してしまうと、やる気も削ぎ落とされてしまい、夢ごと断たれてしまいます。

重要な転機に、占い師さんのところに行く人もいます。いい占い師に当たればいいのですが、変な占い屋に当たると、「うまくいくわけがないからやめなさい」と言われることになります。

占い屋の言葉に信憑性があろうがなかろうがネガティブなひと言に左右されてしまい、せっかく考えていたプランがガラガラと壊れていくことになりかねません。

本来であれば、経験を積むためには、失敗しようがしまいが、一度はやってみるということが大切です。しかし、他人のほんのひと言によって成功体験がひとつなくなってしまうんです。あとで人にすすめられても「前にダメって言われたから」と、動けなくなる。

占い師さんによっては、こうしたネガティブワードで引き止める人もいます。同じ占い師さんに何度も通ってしまう人は要注意。言葉というのは人をしばりつける怖いものです。

こういうネガティブな言葉で人の行動を制限してしまう人を、ドリーム・キラー（Dream Killer）と呼んでいます。夢を殺す人ですね。反対に、相談すべき存在、メンターのように自分を導いてくれる人をドリーム・インキュベーター（Dream Incubator＝夢の支援者）と言います。

最終的には、自分を取り囲む人で悪影響を与えている人物をデトックスしていかないと、自身にも被害がおよぶことになります。

相談相手として自分の夢を話せるかどうかというのはすごく大切で、身近に自分を認めてくれる人がいると、自信がついてきます。さらには、自分のことも認められるようになり、人を好きになることができます。

第5章

# 運のデトックス

# 運気を高めて幸せを引き寄せる

物、食、人、心と、デトックスを進めていくと、次第に自分を取り巻く環境が変わっていくことが実感できると思います。

これまで会話したことのない人と知り合えたり、思いがけず人から評価されたりと、新しい人間関係が芽生え、次のステージに踏み込んでいることに気づいていることでしょう。

人と自分が違うのは当たり前。

先入観をなくし、物事をフラットに眺められるようになると、その自信が他者にまで伝わっていくのです。私もこれまでに同じような経験を何度も重ねてきました。

身構えることがないので、相手も安心して近寄ってきます。こうした余裕が他者に伝わると、思いがけない話が舞い込んできたり、新たな出会いへとつながったりするのです。

自分からシャットアウトするなんて、もったいないじゃない。

運は自分からアクションを起こさなくとも、人が運んできてくれます。

また、運は絶えず目の前を通りすぎていきますが、その機会を逃さず見つける能力も必要です。

「心のデトックス」が整ってくれば、自分で運気を上げることもできるようになります。

「運のデトックス」は、運気に対する感度を高め、幸せを引き寄せるためのいくつかのポイントをまとめたものです。

これまでと同様、週末デトックスの時間は、自分が不幸せと考える理由や受け止め方について、深く考える機会にあててください。目の前の「不幸な事実」をネガティブにとらえるのか、ポジティブに受け止めるのか。

どのようにとらえるかによって、運気の感度は大きく変わってきます。

そして突きつけられた課題をチャンスととらえ、ひたむきに取り組んでいけば、大きく成長した自分に出会えることでしょう。

## 不運をどうとらえるかによって運気が変わる

人に騙される、恋愛がうまくいかない、ギャンブルにハマる、仕事で失敗する、家庭の仲が悪い、人とトラブルになる、金銭的な人間関係のもつれがあるなど。

望む、望まないとにかかわらず、人生においては予期せぬさまざまな出来事がめぐってくる。この事実をマイナスに取るのか、プラスに取るのか。同じ事実であっても、受け止め方は人によって大きく変わってきます。

人生には二つのレールがあって、「幸運のレール」に乗っているときは順風満帆、多少何があっても充実した毎日を過ごすことができます。一方、「不運のレール」に乗ると、自分の意識を変えない限り、このレールからのはずれ方がわからなくなってしまうのです。

そういうときに必要なのが、運のデトックスです。人の言葉に左右されやすい人は、もしかすると自分から進んで不運のレールに乗ってしまっているのかもしれません。

厄年になったとしても、受け止め方によってはそうした影響をまったく受けない人もいます。**理由づけひとつで、不運のレールから幸運のレールへ乗り換えることもできる**のです。実際に私も厄を厄と感じていないタイプです。

不運をどうとらえるか。その事実をマイナスととらえるか、プラスととらえるか、その人の気持ちのもちようにかかってきます。

自分がどんなことに対して不運と感じるのか。

その特徴を理解して対応していけば、運気を変えて幸せな人生を引き寄せられます。

## 自分と向き合うのがデトックスの第一歩

自分にとって何が不運への転換となるのか、不運と受け止めてしまう原因はどこにあるのか。そこを知ることが運のデトックスの第一歩となります。

知人で最近お母さまが亡くなられた方がいます。

その直前に、彼女は黒い猫や黒い蝶を見ていた。彼女にとっては、それらは不幸の前兆でしかなかった。それを見たからお母さんが亡くなったのだと思ったのです。不幸の原因と受け止めたわけです。

しかし、「あれは、お知らせだった」と受け止め、「教えてくれたんだ。知れてよかった」ととらえる。そういう時期がきたお知らせと理解することで、事実のとらえ方はまったく変わってくると思います。

もうひとり、私の大切な友人は、がんで過去に何度か手術され、乗り越えてきました。少し後遺症が残っていましたが「人間そう簡単には死なないよね」と言って、性格もすごく明るくてポジティブなんです。

人によっては悲観的に受け止め、「周りはみんな丈夫で元気なのに、どうして私だけ病気になっちゃうの」というとらえ方をしてしまう。反対に、「こんな経験ができたのは私ぐらいでしょ」「じゃあそれを伝えたらいいんじゃない」と前向きにとらえる人もいる。

つらい事実に直面したり、人から否定的なことを言われたりしたときに、それを**事実として受け入れるのか、否定的に反発するのか、あたかもなかったことのように無視するのかで、次の行動がまったく変わってくる**わけです。

不幸だと思うとき、自分はどんな言葉や事実に反応しているのか。

体調やそのとき置かれている境遇によっても受け止め方は変わってきますが、自分と向き合い、不幸の原因を知ることが大切です。

## ネガティブな言葉は運気を下げる

鎌倉へおひとりさまランチに行ったとき、私の前に2組の女性グループが並んで座っていました。かたや言葉遣いがきれいなグループ、もうひとつが言葉ががさつで汚いグループ。あまりにも対照的なので、つい聞き耳を立ててしまったんです。

一方は「コロナ禍で家のリフォームを考えているのよね」と幸せそうな話題で盛り上がっているのに、もう片方は「あいつブスだよね」と、人のことを言えないような顔で悪口を言っている。

店員さんへの注文の仕方も違っていて、言葉遣いが丁寧なグループは、メニューを受け取りながら「ありがとう」と言って、「お願いします」と敬語でオーダーしている。それに対し、もう片方はメニューを広げて「これとこれ」と横柄で品がなく指差しするだけで、「ありがとう」や「お願いします」などが一切言えない。

些細なことですが、少しの言葉や態度で周囲の人をこんなに明確に不愉快にするんだと、つい見入ってしまいました。

**ネガティブな言葉は、周りが聞いていても気分がいいものではなく、すてきな人やポジティブな人は離れていく。**ネガティブな人が集まると、人の悪口、不平不満、不幸自慢大会になり、雰囲気も悪くなって、より不幸に、顔もおブスになる。

反面教師じゃないけれど、単純に楽な道を選んでいるんだろうなと思います。人を攻撃することで、自信のなさをごまかしてみたり、比べて優劣をつけて安心したりしているのかもしれません。

人から好かれたいなら、自分で自分のことを好きになることが大切です。人と比べるのではなく、自分の好きな部分を増やしていきましょう。

# 心情を表現して人を動かす

会社員として働いているときに、アクの強い上司がいて、部下をつかまえては「お前のこういうところがダメなんだ」って言う人がいました。

部下は若くて傷つきやすい。反発し、頭ごなしに欠点を指摘されると直したくなくなる。

私は言われて嫌になる言い方をしないと決めているので「ここを変えるともっとすてきになるのに」という言い方をしていました。同じことをやってもらうのでも、言葉の使い方によって受ける側のやる気や気持ちが変わってくる。

**ネガティブな言葉で相手の行動を変えるように強制するのと、ポジティブな言葉で自分の印象を伝えるのとでは、その結果に大きな違いが出る**ことを、身をもって体験してきました。

友人とレストランに行くときでも、「私、この料理嫌いなんだよ」って言われると、もう誘いにくくなってしまう。けれども、「ちょっと苦手だから別の店に行きたいな」と言われれば、素直に店をチェンジしようかという気になる。

家事を手伝ってもらいたいときも、直接的に「これをやって」とは頼みません。あえて手をつけないでおいて、「お願いしていい？」とか「気がついたらやってくれるとうれしいな」と伝える。もちろん、やってくれたときには「きれいになった、ありがとう」「さすが、助かる」と伝えるようにする。

表現の仕方が少し違うだけで、受け手側の印象もがらりと変わる。自分がどう思うのかを伝えることで、受け手側も気持ちよく作業ができるようになるのです。発する言葉や言い方を工夫し伝えることも大切なことです。

## 選択肢は自分の責任で決める

カウンセリングをする際に、気をつけていることがあります。

明確な答えを提示するのではなく、選択肢を伝えて、必ず自分で選択してもらうようにしています。

というのも、選択を人任せにする人に限って、うまくいかなかったときにあとで人のせいにすることがあるから。

トラブルになった際の責任を回避するためというよりも、決断を人任せにしてしまう危うさを自覚してほしいのです。

選択するということは、自分で責任を持つということ。だからがんばる。決断を人任せにすれば、失敗したときに「あの人の言う通りにしたから失敗した」と言いわけができる。それが悪いとは言いませんが、人のせいにする前に、自分が選択したことの責任は持たないといけません。

そして、人任せにしている自覚はあるはず。**問いかけをしている時点で、何かしらの答えは心のどこかに持っている。**答えを出す不安を解消するために、人の意見に乗っかっているのだと思います。

自分で判断する癖をつける第一歩として、食事のメニューを瞬時に決めてみてはどうでしょう。ランチのメニューを「何にする？」と聞くのではなく自分で選択するなど、小さな決断をすることからはじめてみましょう。

# 八方美人は嫌われる

グループのなかで、仲間はずれになることが怖いと思っていませんか。目につくということは、どこかに原因があるのかもしれません。それは何かを考えてみましょう。

自己中心で正義感が強すぎる、人の話を真っ向否定してしまう、空気が読めない、などいろんな理由があるはず。

**周囲に気を遣っているはずなのに、周りの顔色を見すぎて、八方美人なのが鼻につく**と思われる場合もあります。

意外と嫌われがちなのが、この八方美人さんタイプ。どこにでもいい顔をする、他のグループの悪口を言う、告げ口をして結局は孤立することが多いように思います。女性はとくに、八方美人さんには敏感かもしれません。

基本的に、私はどこにも属しません。グループ以外の人とも友人だったり仲がよかったりすることが多いから、グループにこだわる必要がない。そして来る者はほぼ拒まず、去る者も追いません。

悪口を聞いても、その人のことを嫌いじゃなければ「私、嫌いじゃないよ」と平気で言う。

そして「嫌い」ではなく「苦手」という言葉を使うようにしています。

どこかのグループに所属することを否定しているわけではありません。

他の人の意見に合わせることを少しでも疲れるとか嫌だなと思うなら、グループに所属することを一旦休憩してみるのもおすすめです。

## 「幸せのハードル」を下げて小さな幸せを感じ取る

周りの人に「幸せってなんだと思う?」って聞くと、宝くじが当たるとか、結婚しようと言われたとか、大きな幸せを想定している人が多いんですね。

でも「おいしいごはんを食べられて幸せ」みたいに、小さな幸せを感じ取れないと、生きるのがむずかしくなる。「幸せのハードル」が高い人ほど、自分は不幸だと思っている節もある。

私はごちそうさまをするときに「今日もおいしいごはんを食べられて幸せ」って、いつも言います。ずっと子どもの頃からの、母の口癖のひとつ。

寝るときも「今日もケガも何もなくって幸せだった」と言ってからおやすみなさいをする。

それが積み重なって、いまの私がいます。そうなの、とてもすてきな教えなのです。

私があんまり人と比較したり、マイナスに考えたりしないのは、それがあったからかもしれません。

## 「幸せのハードル」が低ければ、なんでも幸せと思える。

不幸と思うかどうかもハードルがあって、病を克服した友人も、「不幸のハードル」が高かった。ふつうの人ならピーピー騒いでいるような状況でも、「不幸のハードル」を越えていないから「ぜんぜんふつうじゃん」って冷静でいられる。

「不幸のハードル」に敏感な人は、「どうせ私は」と思ってみたり、被害妄想が強かったりで、この世が終わったかのごとく自分がなんて不幸なのかを主張する。

あなたにとっての「ふつう」ってなんでしょう。

世のなかで言う「ふつう」って、じつは人によって受け取り方や感じ方が大きく違うように思います。

自分のふつうと人のふつうは違う。人の当たり前は、当たり前じゃないと、私はよく言っています。

ふつうも当たり前も、幸せも不幸も、人によって差があることを受け入れることがとても大切だと思います。

そして、**「幸せのハードル」を下げて、「不幸のハードル」を上げてみると、楽に幸せを感じながら、自然に力を抜いて生きられるはず**です。

## 運を引き込む勘を磨く

人間ってもともと、野生の勘があるはず。ピンときたり、虫の知らせ的なことや、なんとなくわかってたことはないですか。

知り合いに、カラスのフンが落ちてくるのを予見した人がいます。公園のベンチに座っていたときに、なんか嫌な感じがして見上げると、真上の枝にカラスがいたんですね。瞬間的に席を立つと、座っていた場所にフンがボトッと落ちてきた。「なんだか嫌な予感がしたんだよね」って、これって野生の勘ですよね。

嫌な予感って絶対ある。道を選ぶときに、なんとなくこっちに行きたくないという感じ。逆に、絶対うまくいきそう、こっちがいい、これしかないという勘もあります。そういう感覚を大切にできるかできないか。

**人間だから理性で物事を考えてしまう。年齢を重ねれば重ねるほど、生きてきた経験則が加わるから、余計に考えてしまう。**

進路とか、人生の選択でも、その他のことでも、感覚ではこっちかなって思っているのに「待てよ、失敗したらこうなるから、やっぱりこっちかな」って考えすぎてわからなくなる。ピンときたものを、信じない。

自分を信じていないから、アンテナが鈍ってどんどん間違った選択をしがちになる。感度が鈍くなり、間違っちゃう人がけっこういるように思います。

私は子どもの頃から勘のみで生きてきました。

考えてみて決断したらどうなるのかなと、試したこともあります。いろいろと考えてから、答えを出してみようと思った。いつもならすぐ答えが出せるのに、なかなか答えが出ず、決定もできない。やっと結論を出したものの、やってみたら結果的にはうまくいかなかった苦い経験があります。

そのことから、答えに迷ったときは、その場で答えは出さず、一旦置いておくことにしました。置いておくという答えを加えたら、無理にその場で答えを出さなくて済む。

本当に結論を出すまでに、何らかのサインが感じられることがあるので、それを待つという意味もあります。理論で考えるのではなく、あくまでインスピレーションを重視して待つわけです。

たとえ勘に頼っていても、迷うのはそれなりの理由があるわけで、答えをすぐに出さないのも方法のひとつです。

本当は、頭の奥底で答えは出ているのに、無理やり理論づけようとする。答えが見つかっているから、そこに至るまでの安全な道筋を導き出そうとする。

失敗したくないからいろいろ考えてしまうのかもしれません。

**失敗することを恐れずに、自分の勘、インスピレーションを信じてみる**のも大切です。

## 「ふつう」に囚われず知識を増やすと可能性が広がる

子どもの頃、親や学校の先生から「ふつう」という言葉を聞いて育ってきました。

「みんながやっていることなんだから、ふつうになんとかしなさい」

「ふつうでいなさい」

勉強も子どもにとってはなぜ必要なのかがわからないけれど、「将来役に立つから」とか、「それはふつうそういうもんだ」って押しつけてくる。

おませでおとなっぽいクールなお子さまだった私は、「ふつうってなんですか?」と、先生や親に質問していました。「ふつうはふつう」と言われても、納得できなかった。

そんなことも手伝ってか「ふつう」という言葉に反発していた中学生の頃、学校でお菓子を食べたりしては、よく母が学校に呼び出されていました。

当時の担任のおじいちゃん先生に親子共々呼び出され、「おたくの育て方は猿の育て方ですか」と嫌味を言われたのです。

すると母は、「いいえ、うちはライオンの育て方ですけど」と言い返しちゃうのです。さすが、私の母です。

そんな母でも、私には「あなたのふつうと私のふつうは違う」と諭しました。「そして、一般的なふつうもある。人が言うふつうもあって、人によって違いがあるのよ」と。世の中をよく理解していて、教えてくれる人でもあります。

もし、**「ふつう」に囚われず選択肢を広げたいのであれば、自分で勉強をし、知識を深めて、いろんな情報を持つしかない**と思います。

答えがふたつしかなかったら、どちらかしか選べないけれど、たくさんの答えがあれば進むべき道も方法も広がる。

そのためにも、**アンテナを広げ、感覚を磨いておく必要がある**と思います。

情報に敏感であれば、知識も増えていく。

生きていくうえで知識を持つことはとても大切です。自分の可能性を広げるためにも、ふだんからアンテナを張って知識を増やしておくことを忘れてはいけません。

# 毎日の「幸せノート」をつける

「幸せ」を感じるには、じつは「能力」が必要です。**幸せを見つける力がないと、自分がどんなに恵まれた環境にいても幸福感を得ることはできません。**

では、そのスキルをどうやって身につけていくか。

簡単な方法は、**毎日「幸せノート」に書くこと。**

その日、起きたことで、幸せと感じたこと、楽しかったことを5個書いてみる。友人と話して楽しかった、こんなことを言われてうれしかった、今日のごはんはおいしく食べられた、好きなメニューが出た、なんでもいい。

最初から10個書くのはハードルが高いので、まずは5個からはじめてみましょう。もし5個以上浮かべば、それも書いてみる。

「幸せのハードル」を低めに設定して書く癖をつけていくのが、とても大事なポイントです。

これは、私自身の体験に基づいています。母はキャリアウーマンだったので、昼間は家にはいませんでした。だからといって手抜きは絶対にしない厳しい人でもありました。

夕方6時までに帰ってきて晩ごはんを作り、私の宿題も見てくれました。日記も書くように言われていましたが、当たり障りのないことしか書けない。子どもの頃から悪知恵が働くというか秘密主義でもある私の行動を知るために、思いついたのがこの課題だったのかもしれません。その日あった楽しかったこと、幸せと思ったことを5個書く。日記ではないので、私も素直に書ける。私の性格をよく知る母からの宿題だったのだと思います。

「幸せノート」のいい点は、成功体験を書くということ。

失敗や反省など改善点を書かせる方法もあると思いますが、それが毎日続くとだんだん飽きて嫌になってくる。成功体験が積み上がれば自信がつき、ポジティブになるので絶対にいい。

会社員時代、自分の部下に新入社員が何人か配属されるのですが、自分で動ける子ばかりではありません。次に何をするか、こと細かく具体的に提示しないと動けない人もいました。

できない子に限って、その理由を聞くと必ず理由がなく「次はがんばります」と言うのです。「では、がんばって」と任せてもできない。そして、次もまた「がんばります」を繰り返す。そこで私は投げかけをしてみました。「次は何をがんばるの？」「次はどこまでできるようにする？」と聞いたり、「じゃあ、次できなかったらどうしようか」と投げかけてみる。

そう思ったのは、**ひとつずつでいいから、成功体験を積み上げていくことを経験させたかったから。**成功体験って、人を伸ばしていくから、とても大切なんです。

「なんか、ほめられてうれしい」という喜びがやる気モードになるし、「あ、ここまでできたんだ」っていう自己達成感も上がっていく。

「ああ、すごいじゃん」ってほめることが、成長の糧になるし自己肯定感も上がるから必要なことです。

私の母も楽天的でポジティブな人だから、余計に私もそう思うのかもしれません。

## ラッキーサインを見逃さない

人は不幸が連続することには敏感に反応しがち。人によっては不幸しか見えてないから、運が向いていても自覚できず見逃しているものです。

そういうときにどうするか。

たとえば、時計を見て、1111などゾロ目に気づく。クルマのナンバーで、7777のゾロ目を見たらラッキーと思う。こうしたラッキーサインを見逃さないことが、幸福への鍵を握ることになるのです。

自分で決めたラッキーでいい、そういうシンクロを一日にひとつでもふたつでも見つけられると、すごく幸せな気分になっていきます。

**シンクロが、幸せを呼び起こすのにとても大切なサイン**なのです。これを見つけられない人は、幸せを感じにくいように思います。

もちろん、気のせいということもあるかもしれない。

でも、じつはその思い込みがとても大切。幸福を見つける感度もよくなるし、ラッキーって思うことで幸運が続いていく気になる。

朝のテレビの星座占いで運勢がいいと、根拠がないのにいい気分になったりしませんか。あれと同じです。数字を見つけるだけで自己暗示をかけることができる。なんかいいことが起こるかもしれないと、いいことを探そうとする。自分でいいことをつかんでいるから幸せになっていく。

そういうシンクロを見つけることがとても大事です。

# 自分を信じれば運気が上がる

「運」って何？

めぐり合わせ？　神の采配？　人知を超えた力？

私にとって、「運命」と「運」というのはちょっと違っていて、「運命」は神の采配で抗えないもの、「運」は自分で切り拓いていけるもの、自分でつかめるもの、自分で選択できるものだと思っています。

たとえば受験で第二志望しか受からなかったとき、運が悪いと思って悔やむのか、それともこちらに縁があったと前向きに受け止めるのか。結果は変わらないわけで、自分が置かれた状況を受け入れ、頭を切り替えることで幸運に恵まれるかどうかが決まってくる。

**運がある人の特徴は、絶対的に自分は運がいいと思い込んでいる。そう思い込んでいるかどうかで決まる**と思います。

よく晴れ男、晴れ女って言うでしょう？　雨が降らないという変な自信が、晴れるという自然現象を呼び込んでくる。運がいいと思い込むことが、自分への自信につながっていく。

「根拠のない自信」っていう言葉もありますよね。これが一番強い。

怖い物知らずなのか、なんなのかわからないけれど、自分を好きになる大きなきっかけになる。自分に対して妙な自信があるというか。

どうにかなるという心の強さが自己肯定感を高めて、運を好転させていくのではないかと思います。

反対に、女性で「私ってかわいそう」を演じる人がいる。

悲劇のヒロインみたいに、自分で次々と悲劇を拾ってくる。なぜかというと悲劇がないと「かわいそうな自分」になれないから。男性でも悲劇のヒーローみたいに運の悪さを主張する人は、悪いことを引かないと、運が悪いと言えなくなっちゃう。

最近の学生は自己肯定感が低い子が多いみたいですが、そういう負のスパイラルを自分で作り出しているようにも思えてくる。

私の学生時代には、いまより無駄なことがすごく多くあったように思います。リアルタイムで連絡を取る方法がなく、待ち合わせするにも時間と場所を決めて待ち合わせる。男女の出会いでもマッチングアプリなんてないから、ナンパや合コンをしたり、誰かに直接紹介してもらったり、自分で飲み歩いて好きな人を見つけたりする。

すごく無駄なように感じるけど、そこから人に声をかけたり人脈を活かしたりする感覚などを、いろいろとつかんでいったように思います。

いまはその無駄をかなり省くでしょう？　出会いのための労力や心理的負担がかかることを「コスパが悪い」って言う。

事前にネットを検索して情報を得るのではなく、相手がどんな人物なのか、対面で会話をしながら探っていくのが楽しいのにね。

**運がいい人は、自分から動いて、なにかしら機会を増やしている。**無謀なことでも、これは無理だろうということも、興味があれば絶対に実行している。

「根拠のない自信を持ってるから、大丈夫」みたいに。

この行動力の有無が、自分の運命を変え、運気を呼び込むための最大のポイントであるように思います。

運を引き込めない人は、自分で自分の芽を摘んでいる気がします。

# 悪口を言う人には近づかない

私は風水心理カウンセラーとして、クライアントからのご相談に応じているのですが、スクーリングの勉強のために、占い師さんめぐりをすることがあります。

占いについて、予備知識のない人に言いたいのは、信じやすい人は、行かないのがいいということ。

いい占い師に当たって「運がいい」と言われれば問題ないんですが、**「運が悪い」と言われると、その言葉にしばられてしまう。**運のない自分を意識して、ちょっとしたことで「あの先生当たってる」と一喜一憂してしまう。なかには「死んじゃう」とか「結婚できない」とか「運が悪い」と言う占い師もいる。わざとネガティブな言葉を投げつけ、何度も通わせようとする。

こういう人を、私はエセ占い師とか、占い屋さんと呼んで区別しています。免疫がないと、その言葉に惑わされてしまう。

私は興味津々に「結婚はできません」「彼氏はできません」「彼氏と縁がありません。親との関係が悪い」なんて言われても黙ったまま聞いていられるけれど、言葉にしばられる人は「そうなんです。すごい当たってる」と沼に入り込み、抜けられなくなる。

占い師さんに限らず、ネガティブなことを言う人には近づかないのがいいんです。ネガティブな言葉ってやっぱり気になる。頭から離れなくなってしばられてしまいます。

言霊って、実際にあると思います。**悪いことばかり語っていると、本当にそれが実現しちゃう。そうなるように無意識に行動しているから。**

悪い答えばかりが頭のなかを占めて、実際はそうじゃないのに事態が悪くなっていく。恋人とか夫婦や友人でも、疑心暗鬼になって関係がぎすぎすしていく。「本当は私のこと嫌いでしょ」みたいに突然言われて疎遠になったりする。

運というのは実際にあるとは思いますが、人の言葉に左右されない強さというのも大切です。もし、くじがはずれても、「ああ、こんなところで運を使わなくってよかった」や「いまは当たるべきタイミングではなかったんだな」と発想を切り替えればいいだけ。

言葉の影響はそれだけ強いんだということを、ぜひ理解しておいてください。

## 言葉の重さを知っておく

私もかつて、会社勤めをしていたことがあり、かなり多くの部下を抱えていました。入社したての若い社員は打たれ弱く、あまり強い言葉で注意すると、びっくりするほど落ち込んでしまう子もいる。

そんなとき、どのように部下に指示を出すか。部下に意図を伝えるのは、かなり工夫が必要でした。若かった頃は上司から頭ごなしに言われたことがありましたが、いまは同じやり方では通用しません。

基本は、**相手の立場になって、物事を論理的に話すべき。**考えないで言う人がいますが、それでは人は動いてくれません。

よかれと思って言ったことが相手を傷つけることもあるので、ひと呼吸置いてから言葉を発するようにしています。とくに、指摘すべき点やマイナスなことを言うときには注意が必要。

私は、**嫌なことを伝えなければならないときほど、わざと近くに寄って相手の目線より下に**

**なるように座り、ニコニコしながら言う**ようにしていました。「ちょっと聞いていい？」とか「ちょっと教えてほしいんだけど」や「ちょっと気になってたんだけどさ」と、軽い言い回しからはじめます。かなり工夫していました。

言葉には独特の力が宿ると思っていて、言霊というか、**口に出すことで人を傷つけたりもすれば、願いが叶ったりもします。**

話す人にもよると思いますが、私はよく「言葉にすごい説得力がある」と言われます。もし、そういう人がネガティブな言葉を発してしまうと、マイナスの願いが叶ってしまったりもする。それでなくとも、マイナスの言葉、不幸にする言葉は呪いのように人をしばってしまうので、かなり気をつけるようにしています。

若い世代だけでなく、相手を怒らせる言い回ししかできない人も多くいます。なんかムカつく、その言い方や話し方、その言葉のチョイスはないだろうとも思うときに、感情に任せて言葉を口にするわけにはいきません。

私が会社員のときに最後に受け持った新人のお話です。

部長に怒られているかたわらで、お菓子を食べはじめたツワモノがいました。その会社では与えられた仕事をこなすために、事前にシステムを使ってタイムスケジュールを組まなければならないのですが、自分はできると思いこみ、他の興味あることに目を向けるものだから、期限が守れない。

あらかじめ余裕をみて任せてはいるものの、部長はシステム画面を前にして懇々とお説教をしている。「できませんでしたじゃないんだよ。これはな、こうやってな」と部長が画面を操作しながら説明している横を見ると、新人さんはなぜかお菓子をもぐもぐと食べている。周りが「説教中に食べてるよ」と騒然とするなか、部長が「いま、怒っているんだよ」と言うと、「え？　食べますか？」とひと言。悪気もなく部長に袋を渡してくる。もう「ひぃー、まじかー」っていう感じでした。

挙げ句の果ては、私のところに泣きながらやってきて、「私ばっかり怒られます」と言ってくる。「それ、悲しいからじゃなくて悔しいから泣いてるでしょう？　言われたことやらないと」と言うと、そのときはひとまず落ち着く。後日、別の上司に怒られると、「頭ごなしに言われても素直に聞けないので、優しく諭してほめながら怒ってください」と。「え？　怒られ方のリクエストしてる！」。もうびっくりです。恐るべしです。

そんな新人さんだけでなく、曲者、癖の強い人、空気が読めない人は必ずいます。

そんな人と話すときって、イライラしたり言葉が強くなったり悪意ある言葉を投げかけたくなったりすると思います。でも、悪意ある言葉を使った時点で自分の気分も悪くなり、雰囲気も悪くなり、いらぬ争いが起こる。

そんな仲間にならないために、ひと息ついて、冷静にニコニコしながら、自分の思っていることを伝えられるようになりましょう。

## 人と比べるのは不幸のもと

人には「自分の物差し」というのがそれぞれにあって、他者と自分が同じと思わないのが幸せです。

同級生や、仲がいい友人、子どもの同級生の親御さん、同じ習いごとをしているメンバーなど、生活環境が似ているからといって、自分の境遇と一緒だと思い込まないように気をつけることです。私はこうだから、あの人も同じだろうみたいな感覚でいると、ギャップを知ったときに、つい比べてしまう。

旦那さんの職業や年収、一軒家か賃貸マンションかとか、マンションの階数とか、そういう些細なことなんだけれど、ちょっとしたことで人と比べてしまうから、それが不幸のもとになるんです。

**自分は自分、人は人と思って比べないこと。**人によっては自分よりも裕福な境遇にいる人を見るだけで不幸と思ったりする人がいます。上はいっぱいいるのに、自分と人を比較してどうするの？

だからと言って自分より下だと勝手に決めて人と比べてしまうのもダメです。グループの頂点にいたいがために、迎合する人ばかり連れて歩く女性みたいなことになりがちです。そのなかで優越感に浸れるかもしれませんが、実際にはマイナスの感情を抱き続けるだけで幸せにはなれません。

**運がいい人は、笑顔が魅力的で、自分に自信をもっています。**そういう人の近くにいるだけで、幸運が降ってくることもあります。

ネガティブな言葉を使うこともないので敵を作らず、明るくほがらかだから人や情報も自然に集まってくる。もし自分が気弱なことを言っても、「その考え方はもったいないからやめるのがいいよ」って注意してもらえたりもする。

私自身、周りの人に「自分で自分の幸せを捨ててない？」や「自分から不幸に足を踏み込むのをやめたら」とか言ったりもします。

幸運な人の近くにいると、考え方も変わるし、運気も絶対的に引き上がるはずです。人と比べることは不幸のはじまりです。やめましょう。

## わがままがすぎると運気が逃げる

わがままには、かわいいわがままとかわいくないわがままがあります。

私もわがまま体質です。そして、わがままを自己申告しています。

「○○してほしい」とかお願いごとを言ってみたりはするけど、夜中にいきなり呼び出してみたり、眠いのに無理矢理メールにつき合わせたり、気分でドタキャンしたりといったわがままは言ったりしません。

周りにいませんか？　夜中に遠くまで迎えに来いって言う女性。

私の知り合いに、電話で彼氏とケンカになって彼が謝ると「いまから来てくれないと嫌だ、許さない」と言っちゃう人がいる。「行けない」と彼が言うと、さらに怒る。そして誰かに同意を求めたかったのか「聞いて、彼氏とケンカしたんだけど、いまから来てって言ったら、行けないって断られた。ムカつく」と私に言ってくる。この私にです。

私が彼女に言った言葉は「彼氏がかわいそう。来る人は少ないでしょ？　もう別れてあげなよ」でした。愛情を行為で測っている。自分のわがままをどれだけ許してくれるかを確認したいだけに思います。

こういう我が強い人には気をつけましょう。**自分が優先されないと主張ばかりしてくる**のです。優先しない瞬間から機嫌が悪くなり、つまらない雰囲気を醸し出してきます。一緒にいると疲れてしまい、内心イライラしてしまったり、つられて機嫌が悪くなったりします。イライラするなら離れてみましょう。

もし少しでも自分に当てはまると気づけた方は、自分のことを大切にするのも大事ですが、自分の発する言葉に対して相手がどういう気持ちになるのか、嫌な気持ちにならないか、場の雰囲気を壊していないかを考えられるようになりましょう。自分の言葉で運と人が離れてしまわないように。

# 過剰な期待は控える

社会人になり、母にケータイをプレゼントしようと一緒に買いに行ったときの話です。本気で言い合いになったことがあります。

私が手続きをしている間、母は座っているだけ。プランの説明さえ聞いていない母の態度にカチンときて、「私のじゃなくてハハのケータイ（うちではお母さんとは呼びません）を契約してるんだよ。何その態度」って言ったら、「親子だから言わなくてもわかるでしょ」と。

「親子だからこそ、言わないとわかんないこともあるでしょ。当たり前のことじゃないよ」と怒ってしまいました。「そうだね、ごめん」と母も謝ってくれて、それで終わりましたが。

「人からやってもらうことを当たり前と思わない」「自分がやったことに見返りを求めない」と、より思うようになりました。

親子だけでなく夫婦でも、夫が何もしてくれないと、イラっとすることがあるでしょう？「私もやってるんだから、やってもらって当たり前」「私ばっかり」と思っているからイラっとする。

もしそこで「やらない人がやってくれた、ラッキー」と思えば、プラスの感情が生まれるんです。

家事をやってくれたにもかかわらず「自分の洗濯物の畳み方と違う」「掃除機のかけ方が足りない」など、そこでイラッとするのは、過度な期待をしているから。

「自分がやっているように100%やってくれる」と**期待しているからこそ、イライラの怒りに変わるのです。**

「やってくれてありがとう」と思えば怒る必要もないし、やさしい気持ちになれる。「ああ、今日はこんなに洗濯物畳んでくれたんだ、ありがたい」って思える。もし足りなければ「ありがとう、今度は○○してくれると助かる」とニコニコして伝えればいい。

ドヤ顔でやってやった感を出されてイラッとしたら「さすが、私よりも上手ね。もっとやってくれると助かる」とお願いしてみましょう。

過剰な期待をしなくなれば、あまり感情的にギャーギャー怒ることはなくなるはずです。この人だったら私にこうしてくれるだろう、なんてことは思わない。**しないのがふつう、してくれなくて当たり前と思えば、人に対してやさしくなれる**と思います。

これは私の方法ですが、イラっとしたときは、その気持ちを溜め込むのではなく、その場で「それイラっとする」って言っちゃう。「その言い方ムカつく」って、軽く、ちゃんと伝える。それもやさしさのひとつだと思います。

過剰な期待をせず、当たり前と思わず、きちんと気持ちを伝えることが大切です。それが幸せに生活していくひとつの方法です。

## 「ありがとう」でプラスのオーラをまとう

コンビニやファミレスで、「ありがとう」が言えない横暴な態度の人を見かけたことはありませんか？

そんな店員さんに高飛車な態度を取る人を観察していると、共通していることがあります。

それは、「仕事なんだから当たり前だろ」「自分のほうが上だ」っていう姿勢。「当たり前のわけがないでしょ」と思うのですが、なかにはあからさまに言葉に出して、店員さんを威圧する人もいます。

私はそういう人が嫌い。

やってもらうことは当たり前じゃない。「快くやってくれたのならありがとうって言うべきじゃないの」と思うし、場合によっては「感じ悪い」などと口に出してしまいます。

きっとこういう人に限って、自分が逆の立場になったときに、めちゃくちゃ怒るんでしょうけどね。

若い頃に知り合った銀座のクラブのママの言葉でいまでも心に残っているものがあります。

**「どんな立場の人にも『ありがとう』って言えるようにならなきゃだめよ」**

それがママの口癖。店のボーイさんやアルバイトの男の子だけでなく、レストランでも酒屋さんでもファストフードの定員さんでもタクシーの運転手さんでも、「誰に対してもありがとうが言えないと成功しないから」って言うんです。

幼少の頃に母から、「バスから降りるときには運転手さんにありがとうございましたと言いなさい」と教えられました。とはいえ、それは運転手さんに対してであって、誰に対しても言っているわけではありません。

ママの言葉に感じるものがあり、それからは誰にでも「ありがとうございます」と言うようにしました。

むずかしいと思う方も多いかと思いますが、自分を取り巻く世界が劇的に変わるので、ぜひ口に出してみてください。

「ありがとう」と言われると相手は嫌な気がしないから、自分に対して好意的になってくれます。しかも、言っているこちら側も、どんどん気分がよくなっていく。

若い頃に教えられたから、「ありがとう」の気持ちが、いつの間にか身についている。否定的な態度やマイナスイメージの言葉を使わないのは、この教えのおかげでいまも続いていることです。

「ありがとう」って、とてもすてきな言葉です。**相手を幸せな気分にし、魅力的な人が寄ってきます。**私の周りでも、「ありがとう」と素直に言える友人にはすてきな人が多い。

私自身、「ありがとう」と言っているから、変なもめごとはありません。どのグループにも属さなくても、隔たりなく好きな人と仲よくできる。気づくと周りに人が集まっていることが多くて、年下でも年上でも、男女問わず、周りに必ず人がいてくれるのは、とても「有り難い」ことです。

似た言葉で「すみません」があるけれど、これはダメ。いろんな意味が含まれている曖昧な言葉だからです。

本当に謝るのであれば「ごめんなさい」「申し訳ございません」って言うのが正しい。

挨拶のように「すみません」って言われると、心がこもっていないように感じてしまいます。謝罪の気持ちが伝わってこないのでイラっとする場合もある。とりあえず言っておけばいいという感じが伝わってくるのか、本当に謝っているのかどうか不審に思えてきます。言葉の重みがまったくないからです。

**自信がある人、芯がある人は、「すみません」を挨拶のようには使いません。**

「すみません」を口癖にしている人に限って不幸オーラが漂っていたり、自信なさそうにしていたりする。かと思うと、意外にかたくなで、間違いを指摘されても直す気配がない。人の意見に耳を貸そうとしないのは、もったいないと思います。

自分の発する口癖が、否定的な言葉になっていないかを考えてみましょう。そして肯定的な言葉である「ありがとう」を口癖にしてみましょう。

# おわりに

本書をお読みくださり、ありがとうございます。

デトックスや断捨離が大切なことだとは理解しつつも、実際に行動に移すのはむずかしいと感じている方も多いと思います。

私自身、「物を捨てる」こと、「部屋を片づける」ことがデトックスや断捨離だと思っていました。

食や風水について学んだ結果、私が日常生活で無意識に行なっていることが「食」「人」「心」「運」のデトックスであり、断捨離だと気づくことができました。

ストイックにデトックスや断捨離をすると、人や自分に厳しくなりがちです。勝手な制限を作って自分をしばることにもなり、その行為に囚われてしまいます。

それでは本末転倒で、デトックス、断捨離の目的を果たすどころではなくなるのです。

そんなことから、デトックスや断捨離をストイックに追求したり、むずかしく考えたりするのではなく、週末のわずかな時間に実践することを提案していこうと思ったのです。

この本で取り上げた方法やヒントを通して、自分を好きになり、心が軽くなってもらえれば幸いです。

この、「週末デトックス」をゆるゆると取り入れて、日々の幸せを手に入れてください。

あなたのポジティブなエネルギーが、幸運を呼び寄せる鍵になるはず。

最後に、この本を出版するにあたって、感謝を申し上げます。

風水心理カウンセラーとしての道筋をつくり、私の人生を変え、私を見出して出版の後押しをしてくださった谷口令先生、紫村陽介先生。

食についての大切さを教えてくれた、オーガニック料理教室G-veggieはりまや佳子先生。

私の核を作ってくれた母、私の友人、私の知らない部分を見つけてくれた大切な人。

そして、この本のすてきな編集をしてくださった、長岡努さんと磐﨑文彰さん。

出版を引き受けてくださった、かざひの文庫さんに、心よりお礼を申し上げます。

この本に出会ってくださったみなさま、本当にありがとうございました。

［プロフィール］ 石川うみ（いしかわうみ）

福岡市内で生まれ育ち、東京に上京後、いろいろな職業とさまざまな経験を得たのち退職。退職後、オーガニック料理に興味を持ち、オーガニック料理教室G-veggieにて、オーガニック料理インストラクター、エキスパートオーガニックソムリエの資格を取得。オーガニック料理を３年間学んでいくなかで陰陽五行を知り、いろいろと調べるなかで谷口令先生に出会う。陰陽五行・九星気学・風水の楽しさを知り、風水心理カウンセラーを取得。現在、風水心理カウンセラーとして活動。

〈資格〉オーガニック料理インストラクター／オーガニック健康カウンセラー／エキスパートオーガニック料理ソムリエ／イタリアンスイーツ認定／食品添加物エキスパート／フードロスゼロ料理アドバイザー／エキスパートアンチエイジング料理プランナー／オーガニックお手当アロマクリエイター／一般社団法人風水心理カウンセリング協会 FSCA所属

週末《しゅうまつ》デトックス
～物《もの》・食《しょく》・人《ひと》・心《こころ》・運《うん》を見直《みなお》して幸運体質《こううんたいしつ》になる!～

2021年11月22日 初版発行

著 者 石川《いしかわ》うみ

発行者 磐﨑文彰
発行所 株式会社かざひの文庫
〒110-0002 東京都台東区上野桜木2-16-21
電話／FAX 03(6322)3231
e-mail:company@kazahinobunko.com
http://www.kazahinobunko.com
発売元 太陽出版
〒113-0033 東京都文京区本郷4-1-14
電話 03(3814)0471 FAX 03(3814)2366
e-mail:info@taiyoshuppan.net
http://www.taiyoshuppan.net
印刷・製本 モリモト印刷

出版プロデュース 谷口 令
編集 長岡 努
表紙デザイン 東山アオイ

 ISBN978-4-86723-060-2